# EL ESPAÑOL NO NACIÓ AYER

PACO ÁLVAREZ COMESAÑA

# EL ESPAÑOL NO NACIÓ AYER

temas de hoy

temas de hoy, un sello editorial de Editorial Planeta, S. A.
Avda. Diagonal, 662-664, 08034 Barcelona (España)
www.planetadelibros.com

Primera edición: mayo de 2026
ISBN: 979-13-87869-86-1
Depósito legal: B. 25.026-2026
Composición: Realización Planeta
Impresión y encuadernación: Unigraf
*Printed in Spain* - Impreso en España

¿A quién dedicaré este nuevo y gracioso librito, acabado de pulir con la árida piedra pómez? A ti, Cornelio, porque tú solías dar alguna estimación a mis bagatelas, cuando te atreviste, el primero entre los romanos, a narrar la historia de los pasados tiempos en tres volúmenes, tan doctos, ¡oh, sumo Júpiter!, como bien escritos.

Así, pues, acepta la dedicatoria de mi libro y su contenido; sea cualquiera el precio que lo avalore, y haz, virgen Minerva, que prolonguen su vida los siglos.

CATULO, I,
traducción de don Germán Salinas

# ÍNDICE

# INTRODUCCIÓN

Este libro va de lingüística histórica (más frecuentemente, gramática histórica, aunque yo prefiero el primer nombre). Claro, el propio nombre ayuda poco: ¿lingüística?, ¿gramática?, ¿historia?... Y, sin embargo, a casi todo el mundo le gusta, como mínimo, la etimología (el origen de las palabras), que podría entenderse como un primer nivel de la lingüística histórica.

**¿Que qué es la lingüística histórica?** De forma simple, es la historia de la evolución de la lengua en sus diferentes ámbitos, especialmente en el fonético y morfosintáctico.

La evolución fonética explica, por ejemplo, cómo el latín FABRICARE evoluciona hasta *fraguar* (la palabra *fabricar* es un cultismo), SCRUTINIU hasta *escudriño* (ídem con *escrutinio*), e incluso GINGIVA hasta *encía* (por eso la gingivitis es la inflamación de las encías).

A su vez, la evolución morfosintáctica explica, por ejemplo, cómo las lenguas romances perdieron, a grandes rasgos, los famosos casos y declinaciones del latín, aunque se conservan en mayor o menor medida en los pronombres: de esta forma, tenemos *me* (del latín ME) y también *mí* (del latín MIHI), así como por supuesto *yo* (del latín EGO) e incluso ese curioso final de *conmigo* (del latín MECUM) en lugar de decir **con mí*. También explica el pronombre *elle* que aparece en la Edad Media —nada que ver con la inclusividad, claro— y por qué la forma *haiga* es lingüísticamente irreprochable.

Todo esto y mucho más lo iremos viendo, si te quedas, en este libro. Y si estás escribiendo una novela ambientada en la Edad Media y tus personajes dicen *vuestra merced*... bueno, desde luego te conviene quedarte.

Antes de entrar en harina, me gustaría tocar algunos puntos que me parece importante que se tengan en cuenta desde el principio en un libro como este.

Dado que la cuestión va a estar presente en casi todo el libro, creo que esta introducción es un buen momento para responder a la famosa pregunta: **¿castellano o español?** Como dice la RAE/ASALE, «la polémica sobre cuál de estas denominaciones resulta más apropiada está hoy superada», por lo que podemos dar una respuesta rápida: las dos, una y otra, una u otra.

Ahora bien, yo aquí hago mías las palabras de la siempre sabia Lola Pons: «Yo digo *español*; *castellano* es para hablar del *Cid*». Y es que, en realidad, el español no es simplemente el resultado de la evolución lineal y aislada desde el castellano de la Edad Media, que desde luego es el núcleo, pero que sin duda está repleto de elementos catalanes, aragoneses, leoneses, navarros, andaluces, etc. Como concluye Lola: «[Decir *castellano*] empobrece la dimensión histórica con la que se ha constituido el español y [además] oculta la existencia de un dialecto castellano».

Esto nos lleva a otro tema. Este libro trata la evolución del español, por lo que necesariamente **la mayor parte del libro se centra en el español**; cuando su historia sea común a la de otras lenguas romances, sea de interés mencionarlo y yo me sienta con suficiente autoridad al respecto, incluiré algunos apuntes sobre el italiano, el francés, el catalán, el gallego, el portugués o cualquier otra lengua neolatina.

Sin embargo, el lector no ha de esperar encontrar que estas menciones sean numerosas, largas ni detalladas, porque este libro no va de esas otras lenguas, cuya historia y evolución merecen ser contadas en sus propios libros y que quienes los escriban sean expertos en esas lenguas. Yo no lo soy, y no me parece honrada la documentación a salto de mata tan frecuente en la divulgación, especialmente la que hay por internet.

Por supuesto, esto, a su vez, nos lleva a otro tema. Ya en estas primeras páginas se habrán ofendido algunos lectores por los párrafos precedentes; es probable que otros tantos se molesten cuando veamos no solo que en español *vaca* y *baca* se pronuncia exactamente igual, sino que de hecho nunca ha existido el fonema /v/; sin duda se acongojará más de uno cuando lea que el vasco —sí, sí, vasco, que es lo mismo que euskera— probablemente no tuvo tanta influencia en el castellano como tradicionalmente se ha dicho.

Ante todo, es necesario aclarar que **este libro, aunque sea divulgativo, está bien documentado según fuentes actuales y de autoridad**. Para bien o para mal, las fuentes más modernas a menudo desmienten o cuando menos matizan argumentos tradicionales, muchos con un fuerte sesgo ideológico, nacionalista, regionalista, romanticista... Yo tan solo me dedico a procesar toda la información de libros, manuales y artículos para servirla cómodamente al lector, y lo hago —como decía Tácito— *sine ira et studio*, o sea, sin odio ni parcialidad.

Este es el momento perfecto para hablar de la bibliografía; o, más bien, de la casi total ausencia de referencias bibliográficas. Y aquí vuelvo a citar a otro profesor de mi universidad, Rafael Cano Aguilar, que dice con gran sencillez lo siguiente en su obra *El español a través de los tiempos*: «Se entenderá con facilidad que el autor haya utilizado las obras de [...] sin dar a cada paso la referencia bibliográfica: ello hubiera sido farragoso en exceso. Por tanto, queden citados aquí de una vez por todas para el resto de la obra». Si él consiguió solventar con esas líneas la cuestión en un manual universitario, con más razón en una obra divulgativa voy a limitarme yo aquí a dar un puñado selecto de nombres, pilares fundamentales de los conocimientos que me han posibilitado escribir este libro: los manuales de fonética y fonología históricas de Manuel Ariza Viguera, el de gramática histórica del español de Ralph Penny, los de fonética latina de Mariano Bassols de Climent y de William Sidney Allen, el de lingüística indoeuropea de Benjamin Wynn Fortson IV, y naturalmente el gran volumen de *Historia de la lengua española* coordinado por el propio Rafael Cano. Amén.

Desde el primer momento en que me propusieron escribir este libro, salieron a relucir comparaciones —en este caso honrosas— con obras ya publicadas de temática más o menos afín: *El infinito en un junco* de Irene Vallejo, libros de la ya citada Lola Pons, algunos títulos centrados principalmente en etimologías y *La maravillosa historia del español* de Francisco Moreno Fernández, entre otros.

Creo que cabe un breve comentario al respecto. La mayoría de estos libros, por su propia naturaleza, están compuestos de artículos o capítulos independientes entre sí (así, los de etimologías y los de Lola Pons). Sí conforman una historia (esto es, siguen una cronología) los de Irene Vallejo y Moreno Fernández. El primero, como dice su propia contraportada, trata la historia de los libros, por lo que la temática es afín pero no tan cercana a la de *El español no nació ayer*.

Nos queda hablar del libro de Moreno Fernández. Desde que lo leí, es el libro que recomiendo a quien me pregunta por una obra divulgativa sobre la historia del español, y, tras la publicación de este libro que estás leyendo, seguiré recomendándolo por encima de cualquier otro, por una razón muy sencilla: el de Moreno Fernández trata la *historia* del español; este, la historia *de la evolución* del español. Puede parecer lo mismo, y efectivamente hay cierto solapamiento, pero no tanto como el que pueda parecer.

La *historia* del español, tal como la cuenta Moreno Fernández, es la cara de la moneda más puramente filológica o, por ser más claro, más humanística, más histórica; la *evolución* del español como vamos a verla en este libro es la otra cara, más lingüística, es decir, más científica, más gramatical. Por tanto, no debe esperarse mucho contenido puramente histórico en este libro, más allá del estrictamente necesario, con alguna excepción inexcusable como Alfonso X.

Dicho eso, algunas aclaraciones. Ya hemos establecido que este libro trata de lingüística histórica, concretamente de la evolución del español. No quiero asustar a nadie, pero en la carrera de Filología Hispánica en sus diversas modalidades y nomenclaturas la asignatura más difícil suele ser la de Gramática Histórica. Como digo, nada que temer, que para eso estamos en un libro de divulgación.

Ya lo he dejado claro: creo que en una obra divulgativa hay poco sitio para las notas al pie, las referencias bibliográficas en el cuerpo del texto, las sutilezas excesivamente filológicas y los tecnicismos, por lo que todo ello ha quedado reducido al mínimo imprescindible. Sin embargo, parafraseando a mi paisano Antonio de Nebrija, **es poco práctico andar hablando de *millar de millares* cuando se puede decir *un millón*.** Con esto quiero decir que algún tecnicismo tendrá que colarse en este texto de divulgación para no estar dando rodeos cada vez que salga a relucir el concepto; en tales casos, se entenderá perfectamente en la propia narración sin necesidad de acudir a glosario o anexo alguno.

Gran parte de la lingüística histórica se basa en la fonética, por lo que es imposible exponer algunas cuestiones sin transcripciones fonéticas. Nuevamente, nada que temer: **las transcripciones se ofrecerán para todos los públicos** (PTLP) entre llaves (p. ej. *castellano* {kas.te.yá.no}; los puntos marcan la división silábica). Solo muy ocasionalmente se transcribirá entre barras cuando hagamos mención explícita a fonemas: así, por ejemplo, «no existe el fonema /v/ en español, aunque en determinados contextos puede aparecer ese sonido, como en *afgano* {av.gá.no}». También excusamos un apéndice con correspondencias PTLP y AFI (alfabeto fonético internacional) porque quien conozca el AFI no lo va a necesitar, y a aquellos que no lo conozcan no les va a aportar nada.

Para terminar, una última cuestión. Ya he dicho que este libro es más científico, lingüístico, gramatical que histórico; sin embargo, una obra de la evolución de una lengua —salvo que sea una recopilación de artículos más o menos inconexos— ha de exponer los cambios de forma lo más cronológica posible.

No es tarea fácil, pues lo más apropiado didácticamente (como de hecho se hace en los estudios filológicos) es estudiar primero los cambios fonéticos, luego los morfológicos, a continuación los sintácticos, pues en gran medida los posteriores son dependientes de los anteriores. Aun así, creo que el resultado ha quedado bastante bien. Así pues, el libro se divide en cuatro grandes apartados cronológicos:

1. Preespañol (4500 a. C. - siglo VIII): lo que hay antes de que podamos hablar de español o castellano, es decir, algo de protoindoeuropeo y latín.
2. Medieval (hasta mediados del siglo XV): es la parte considerablemente más extensa del libro, pues es donde explicaremos la mayoría de los cambios (respecto al latín por un lado y a lo largo de la propia Edad Media por otro).
3. Clásico (hasta finales del siglo XVII): es la segunda parte más larga y coincide en cierta medida con el Siglo de Oro; una vez concluye esta etapa, el español es esencialmente igual que el actual.
4. Moderno (hasta la actualidad): esta parte será breve, pues la mayoría de lo que podría incluirse aquí corresponde más bien a otras disciplinas como la dialectología.

Ni que decir tiene que las fechas son convencionales (la lengua era exactamente igual el 31 de diciembre de 1474 y el 1 de enero de 1475), y que no necesariamente tienen que coincidir con los periodos *históricos*, sino con los cambios *lingüísticos* (y esto, solo más o menos).

La evolución, los cambios, se narran de forma cronológica según esos cuatro grandes periodos; también se intenta avanzar cronológicamente dentro de cada uno de los cuatro apartados, aunque a veces he preferido la claridad de la exposición sobre la exactitud cronológica. Según todo esto, naturalmente se recomienda leer el libro de principio a fin.

Ahora sí, vamos allá.

# LO QUE SIEMPRE QUISISTE SABER DE LINGÜÍSTICA HISTÓRICA

Antes de ponernos a viajar por la evolución del español y entrar propiamente en harina, hablemos un poco de lingüística histórica en general. Para ello, ¿qué mejor forma que empezar por la gran pregunta...?

## *«¿Y cómo lo sabemos, si no hay grabaciones...?»*

Me suelen hacer una pregunta total y absolutamente legítima; con sus diversas variantes, es esencialmente algo así: ¿Cómo sabemos que el latín (o el castellano medieval, o lo que toque) sonaba de tal o cual forma, si naturalmente no hay grabaciones?

Esta es no solo una pregunta totalmente legítima, como digo, sino también muy buena, pues es uno de los primeros pasos para adentrarse en el mundo de la lingüística histórica más allá de las típicas etimologías que por lo general a todos nos gustan.

Lo primero que suelo decir es que esa pregunta (y su respuesta) va mucho en la línea de esta: *¿Cómo sabemos que tal acontecimiento histórico ocurrió, si ninguno de nosotros estaba allí para presenciarlo?* Salvo los más conspiranoicos, todo el mundo acepta que los romanos existieron (y que no son, por ejemplo, una maquiavélica invención de los monjes medievales, que habrían falsificado todos los documentos latinos y de la Antigüedad en general).

Efectivamente, hay diversas conspiranoias relacionadas con la lingüística: se trata de la pseudolingüística. Igual que existe la pseudociencia, con teorías tan absurdas como el terraplanismo (la defensa de que la Tierra es plana), la pseudolingüística defiende ideas tan ridículas como que el español no procede del latín, sino del ibero, o que el rumano no es una lengua romance, sino que es al revés: ¡el rumano es el origen del latín! (Lo has adivinado: tras la pseudolingüística, igual que pasa con la pseudohistoria, suele haber intereses supremacistas o cuando menos nacionalistas.) Por analogía a *terraplanismo*, la pseudolingüística también es conocida a veces como *linguoplanismo.*

Podríamos decir que la gramática histórica es a la lingüística y a la filología lo que la arqueología es a la historia. Los arqueólogos excavan no solo para desenterrar restos del pasado y meterlos en un museo: de hecho, gran e importante parte de su trabajo es interpretar históricamente esos restos; precisamente por eso son tan perjudiciales los llamados detectoristas, aquellas personas que desentierran objetos sin prestar atención —y a menudo destruyendo— el contexto arqueológico.

De la misma forma, **quienes nos dedicamos a la lingüística histórica tenemos que indagar y escudriñar datos de diversa índole —usualmente textuales, claro, pero no solo de ese tipo— para llegar a conclusiones sobre estadios anteriores de la lengua.**

No es este el momento de entrar en demasiados detalles —que iremos, eso sí, exponiendo y desarrollando a lo largo del libro—, pero sí podemos dar algunas pinceladas. A la pregunta *¿Cómo lo sabemos?*, podemos responder de forma relativamente concisa que mediante el estudio y razonamiento de datos como los siguientes:

- **Lo que decían los propios gramáticos antiguos y otras personas de sensibilidad lingüística razonablemente desarrollada.** Por ejemplo, podemos saber que tras la abreviatura C. se esconde el nombre GAIUS, no —pese a lo que pudiera parecer— *CAIUS (como frecuentemente aparece en español: **Cayo Julio César*; aquí, el asterisco significa que algo es incorrecto) porque Quintiliano lo dice de forma bastante literal, lo cual nos da no solo información del hecho en sí, sino también de que a los propios romanos ya les llamaba la atención esa discordancia entre la abreviatura y la forma plena.

- **Juegos de palabras de diverso tipo y otros testimonios más heterodoxos.** Por ejemplo, el poeta Catulo se burla del paleto de Arrio porque pronuncia *HINSIDIAS en lugar del correcto INSIDIAS; esto nos da a entender que la pronunciación de la H ya se había perdido en su época entre las clases populares, y que los paletos pretenciosos aspiraban de forma aleatoria para dárselas de cultos sin serlo, lo cual de hecho no hacía sino delatarlos. (Esto es algo así como el típico **bacalado de Bilbado*, fenómeno conocido técnicamente como hipercorrección o ultracorrección.)
- **Los cambios ortográficos normalmente suponen cambios en la pronunciación.** Por ejemplo, en las inscripciones más antiguas, una palabra como ROSAE aparecía escrita ROSAI porque la pronunciación original era efectivamente {ró.sai}; pero, si en las inscripciones posteriores empieza a aparecer ROSAE, eso ha de querer decir que la pronunciación de ese diptongo había cambiado a {ró.sae}. (Si la pronunciación hubiera seguido siendo la misma, lo lógico sería que la grafía hubiera seguido siendo la misma, ¿no?) Si además analizamos las fechas de las inscripciones, podremos datar más o menos cuándo el cambio estaría consumado, pues el cambio lingüístico nunca ocurre de la noche a la mañana.
- **Los resultados en las propias lenguas romances —bastante obvio— suelen hablarnos de la evolu-**

**ción del propio latín.** Por ejemplo, la H latina no se pronuncia, aunque se escriba en lenguas como el español o el francés. ¡A veces ni siquiera se escribe ya! Ahí tenemos palabras como *haber*, el francés *avoir* y el italiano *avere*. Esto, nuevamente, nos estaría diciendo que dejó de pronunciarse en alguna etapa del latín.

Como digo, estas son solo unas pinceladas relativas al latín. **Los datos son de mucho más diverso tipo y normalmente requieren un análisis concienzudo de los propios datos, y confrontándolos unos con otros.**

De hecho, hay veces que tenemos pistas tan anecdóticas que por sí mismas, de forma aislada, no nos valdrían para afirmar algo, pero que sí podemos admitir como apoyo (un +1) a otros datos que apuntan a un hecho. Un ejemplo muy curioso es relativo al griego antiguo.

A finales de la Edad Media, Europa occidental tenía prácticamente olvidado el griego. Tras la conquista otomana, fueron muchos los bizantinos que emigraron, llevándose su griego consigo y siendo parte fundamental de la recuperación del griego antiguo en Europa. Sin embargo, en griego bizantino, igual que en el moderno, la letra beta (β, /b/ en griego antiguo) representa el fonema /v/, y la letra eta (η, e larga y abierta en griego antiguo), la vocal /i/; de hecho, beta sería *vita*.

Si tenemos en cuenta que en las comedias antiguas las ovejas hacían βῆ βῆ (*bê bê*), y que parece impensable considerar que pudieran hacer *vi vi*, ahí tenemos un +1 a la idea de que la beta era /b/, no /v/, y de que la eta era e larga y abierta, no /i/. El dato no es suficiente en sí mismo para afirmarlo, pero sí puede apoyar muchos otros datos en la misma dirección.

En este libro, iremos exponiendo la evolución del español de forma razonablemente sencilla —si sabes leer y te interesa el tema, ya estaría— pero acorde a ciertos estándares lingüísticos. Por lo general, trataremos de indicar lo que había primero, lo que había después, las posibles causas del cambio y cómo lo sabemos (o, al menos, lo suponemos).

A grandes rasgos, la evolución de una lengua es la historia de esa lengua (o, más concretamente, una de las partes de su historia). Por tanto, parece lógico que vayamos avanzando en orden cronológico: desde los tiempos más remotos hasta los actuales. Esto no es tan fácil como pueda parecer de primeras, ya que **los cambios van solapándose e intercalándose unos con otros, a menudo durante siglos**.

Ya para terminar, querría hacer hincapié en que esto es un libro sobre la evolución del español, por lo que la mayor parte va a ser, efectivamente, relativa a la evolución de nuestra lengua (desde la Edad Media hasta la actualidad, con especial interés en los cambios desde el latín y los posteriores a lo largo del propio medievo y los siglos posteriores). Aun así, el filólogo clásico que hay en mí no puede resistirse a dar, aunque sea, algunos datos de la evolución del propio latín y de su madre, el protoindoeuropeo.

Pero antes de todo eso...

## *A los lingüistas nos encantan las faltas de ortografía*

Es probable que conozcas la pintada «emosido engañado» (o sea, hemos sido engañados). No voy a negar que sea un buen meme para las redes sociales; sin embargo, un lingüista no dirá: Jaja, mira qué cateto; al contrario, dirá: Mira qué interesante: cuántos rasgos lingüísticos de esta persona hay aquí.

Existe la creencia de que los filólogos y lingüistas hemos de ser indefectiblemente *grammarnazis* o, como se decía antes, talibanes ortográficos; esa idea es probablemente heredada de las clases de Lengua, donde el profesor (filólogo) nos inculcaba la idea de que las faltas de ortografía son malas. Sin embargo, realmente es bastante al contrario: a los lingüistas nos encantan las faltas de ortografía, porque —igual que para el lego lo del suelo no es más que una roca y para el arqueólogo es un hallazgo importantísimo—, **las faltas de ortografía son testimonios lingüísticos que pueden contener gran cantidad de información**.

Para entender qué son las faltas de ortografía (más allá de lo que todos sabemos), lo primero es entender qué es la ortografía: el intento artificial y consensuado de representar por escrito la lengua natural y orgánica. Que yo sepa, no existe ninguna ortografía perfecta, y tampoco lo es la del español: siempre hay problemas como *¿Se escribe con* b *o con* v, *con* g *o con* j, *con o sin* h? En una ortografía perfecta, nadie tendría dudas, porque a cada fonema le correspondería una letra, y a cada letra, un fonema, y desde luego no habría letras mudas. Por tanto, no habría necesidad de aprender reglas ortográficas, porque *lo que suena es lo que se escribe y lo que se escribe es lo que suena*.

No siempre ha habido reglas ortográficas fijadas tan firmemente como en la actualidad, pero sí, al menos, unas reglas más o menos consensuadas entre los más cultos, que tendían a mantener las grafías tradicionales incluso si la pronunciación había cambiado ya. En cambio, el no tan culto, aunque supiera escribir, era más probable que escribiera *lo que oía*, por lo que, si un sonido había cambiado respecto a la forma tradicional, él escribiría eso tal cual. Es muy similar a lo de *emosido engañado*: refleja cómo lo dice esa persona (sin pronunciar la *s* final, etc.).

Dicho todo eso, ¿y a nosotros qué nos importan las faltas de ortografía de los catetos? Primero: un respeto. Segundo: mucho. Las faltas de ortografía reflejan la falta de correspondencia entre las reglas ortográficas (convencionales) y la pronunciación real (natural), ya sea porque las normas ortográficas fueran mejorables desde un principio, ya sea porque se han quedado desfasadas con el devenir de la lengua. **Las faltas ortográficas son testimonio de los cambios fonéticos de las lenguas: son el mosquito atrapado en el ámbar, del que podemos extraer el ADN de los diferentes estadios de una lengua.**

Si estás leyendo este libro, es muy probable que conozcas las famosas publicaciones de *El dardo en la palabra* de Lázaro Carreter, en las que el filólogo básicamente decía cosas como estas: La gente ahora dice X, ¡cuando de toda la vida se ha dicho Y! ¡Qué horror! ¡Se muere el español! Lo más gracioso es que en la mayoría de las ocasiones esa X que tanto horrorizaba a don Lázaro es ahora absolutamente normal.

En 1915, Eduardo de Huidobro publicó un libro titulado *¡Pobre lengua!*, en el que decía cosas como esta (la cita es literal): *Contable.— Hay ya gente que llama así al* contador *ó* tenedor de libros. *¡Qué barbaridad!* Y no hace falta que nos vayamos tan lejos: en un artículo publicado en 2018, Javier Marías consideraba cursis y estúpidas palabras como *empatizar*, *socializar* o *interactuar*.

Bueno, todo este tipo de escritos tiene un precedente muy famoso entre los filólogos: el *Appendix Probi*, en el que un gramático de la Antigüedad lista 226 casos de *errores*, siempre con este formato: X NON Y, que parafrasearíamos *es X, no Y*. Por ejemplo: MENSA NON MESA o AURIS NON ORICLA. Y por supuesto, los descendientes de las lenguas romances (*mesa* y *oreja*, respectivamente) descienden no de la versión *correcta*, sino de la que el gramático censuraba.

Digo que el *Appendix Probi* es famoso entre los filólogos porque nos ofrece muchísima información sobre los cambios que estaban ocurriendo en el propio latín, muy a menudo predecesores de los resultados de las lenguas romances; o sea, es un enorme bloque de ámbar con 226 mosquitos atrapados dentro.

En lingüística, los términos *correcto* e *incorrecto* son bastante tabú a causa de su absolutismo. De hecho, en los últimos tiempos se tiende a hablar más de *recomendable* y *no recomendable*; así, por ejemplo, la Fundéu (Fundación del Español Urgente) envía su recomendación diaria, en la que suele decir que una variante es *mejor que* la otra, para acto seguido dar ejemplos *recomendables* y *no recomendables*. También —opción que prefiero— se habla de *normativo* y *no normativo*; aquí, la norma es esencialmente lo establecido por la RAE, pero al menos no se tilda algo no normativo de incorrecto, con la connotación negativa que esto último supone. Cabe recalcar que, para que algo sea o no normativo, ha de haber una norma, cosa que en español no podemos decir que ocurriera propiamente hasta el siglo XVIII, y por supuesto nunca existió en latín o castellano medieval otra cosa que el uso de los más cultos —que diferían a menudo entre ellos mismos—, que podía tomarse de modelo, pero nunca una serie de normas o reglas ortográficas ni gramaticales en general. Cuando aquí hablemos de *correcto* o *incorrecto*, ha de entenderse de forma vaga y sin prejuicios lingüísticos como 'que sigue el uso más frecuente (o no)'.

Otra suerte de investigación ambarina usada en lingüística histórica con más frecuencia de lo que pudiera parecer es la de las rimas en la poesía. Veamos un ejemplo del famoso poema de Quevedo:

Érase un espolón de una galera,
érase una pirámide de Egipto,
las doce tribus de narices era.
Érase un naricísimo infinito,
muchísimo nariz, nariz tan fiera
que en la cara de Anás fuera delito.

Estos versos deberían rimar en consonante según este patrón: CDC DCD. Efectivamente, las rimas C se verifican sin problema, pero... ¿qué ocurre con las D? Sí, *infinito* y *delito* encajan, pero no *Egipto*; por supuesto, no podemos imaginar que Quevedo se fuera a equivocar en tamaña simpleza. La respuesta es que —como veremos en su momento— en el Siglo de Oro las combinaciones como *pt* se podían pronunciar e incluso escribir simplificadas, por lo que la forma que Quevedo escribió (y pronunciaba) era *Egito*, que sí rima en consonante con *infinito* y *delito*.

Otra más. Es muy probable que hayas leído, en textos también del Siglo de Oro, formas como *tenello* por lo que hoy escribiríamos *tenerlo*. Si eres de Andalucía como yo —y probablemente también si no lo eres—, la primera idea que se te vendrá a la cabeza es que la pronunciación habría de ser algo así como {te.nél.lo}; y sin embargo lo lógico sería que fuera {te.né.yo}, igual que *caballo* es {ka.bá.yo} y no {ka.bál.lo}. ¿Cuál es, y cómo lo sabemos?

Naturalmente, lo podemos saber por la rima. Un ejemplo real de Diego Mexía:

> A estos añadió de su tesoro
> el más amado rey de sus vasallos
> con larga mano diez talentos de oro.
> También te presentó doce caballos,
> vencedores en valle, en llano, en sierra,
> sin serles necesario gobernallos.

En estas estrofas, la duda está en ese *gobernallos* del final. Si nos fijamos en que ha de rimar con *vasallos* y *caballos*, y que estas dos palabras necesariamente se pronuncian terminadas en {á.yos}, he ahí la respuesta: *gobernallos* se pronunciaba {go.ber.ná.yos}.

Cerramos con un último apunte. Las faltas de ortografía en general no solo nos chivan los desfases entre la ortografía que se queda obsoleta ante el cambio lingüístico: también nos pueden dar información de manera sincrónica. Recordemos que los lingüistas siempre estamos con el ojo puesto a ver qué vemos y describimos. ¿Te has fijado en que los anglófonos se confunden a menudo escribiendo *your* y *you're*; *who's* y *whose*; *they're*, *there* y *their*; *affect* y *effect*?

Si pensamos como lingüistas —y desde ya tienes las herramientas al menos para este caso—, ¿qué hemos de concluir? Que cometen esos errores ortográficos porque las palabras se pronuncian exactamente igual entre sí, aunque se escriban de forma distinta.

Un dúo de términos que tenía que salir en este libro es el de *sincrónico* y *diacrónico*. De forma simple, la lingüística diacrónica es la que literalmente va atravesando el tiempo; por su propia naturaleza, la lingüística histórica es diacrónica, pues vamos viajando por la historia de la lengua. En cambio, la lingüística sincrónica es la que estudia un periodo específico sin comparar etapas de la lengua entre sí; por ejemplo, las clases de Lengua, o si estudias inglés o francés, son típicamente sincrónicas.

Ahora que ya nos hemos puesto en situación y tenemos controlados los básicos de la lingüística histórica, metámonos en la evolución del español desde sus más remotos orígenes.

# ANTES DEL ESPAÑOL

En este primer gran apartado hablaremos fundamentalmente de dos temas: protoindoeuropeo y latín. Para ello, nos iremos a la estepa póntica, al norte del mar Negro, hasta el quinto milenio antes de Cristo, tras lo cual echaremos un vistazo a la evolución del propio latín desde sus tiempos más remotos.

Es importante tener en cuenta que aquí hablaremos ya de algunos cambios que llegarán hasta el español, pero que son propios del latín; o sea, una cosa son los cambios que ocurren en la historia del español (que empezaremos a ver en el periodo medieval) y que por tanto son más o menos exclusivos de esta lengua, y otra son los cambios ocurridos en el propio latín (antes de que se escindiera en las distintas lenguas romances), que por tanto serán más o menos comunes a todas ellas. En este apartado nos centraremos en estos últimos.

## *¿Qué tienen en común un español, un hitita, un albanés, un alemán y un bengalí?*

La historia del español y de la mayoría de las lenguas europeas se remonta a aproximadamente el año 4500 a. C. Hablamos, por supuesto, del protoindoeuropeo, la hipotética lengua madre de la que descienden idiomas aparentemente tan distintos como el latín, el griego, el sánscrito, el letón, el inglés o el ruso.

Es posible que hayas pensado que *protoindoeuropeo* es un nombre excesivamente largo, pero tiene su razón de ser: cuando prefijamos una lengua con *proto-*, lo que queremos decir es que esa lengua es hipotética, supuesta, reconstruida artificial y lingüísticamente. Dicho de otra forma: **no tenemos pruebas tangibles de que esa lengua existiera, pero la suponemos**.

¿Por qué tal atrevimiento? Porque muchos lingüistas se han dedicado a ello y todo parece sostenerse de forma razonablemente estable.

Por ejemplo, el número 3 es TRES en latín, τρεῖς *treîs* en griego, *three* en inglés, *drei* en alemán, *tre* en albano, *trí* en irlandés, три *tri* en ruso, रि *tri* en sánscrito...

Mucha casualidad sería que en tan diversas y distantes lenguas sus hablantes hubieran dado en nombrar de formas tan semejantes al mismo número. Por tanto, lo más lógico será suponer que todos esos números descienden de un antepasado común: en este caso, el protoindoeuropeo **tréyes*.

Y así con todo, muchos lingüistas se han pasado ya varios siglos comparando las lenguas indoeuropeas y estableciendo similitudes para reconstruir el protoindoeuropeo.

Como has podido ver en **tréyes*, la convención es usar un asterisco ante una palabra, fonema, raíz... que no está atestiguada, pero que suponemos o reconstruimos, y este es el caso siempre para el protoindoeuropeo. Por tanto, no hay que confundir este asterisco (algo no está atestiguado, sino que hemos de suponerlo) con el que vimos anteriormente, el que marca incorrección.

Así pues, los indoeuropeos, cuando vivían todos en la estepa póntica, decían **tréyes* para el número 3. Cuando Indoeuropeilandia se les quedó pequeña, muchos hubieron de emigrar y empezaron a esparcirse por Asia (muy especialmente el territorio de la actual India) y parte de Europa: de ahí lo de *indo-* y *-europeo*.

Sabemos que todas las lenguas evolucionan. Importante: evolucionan, nada de que se corrompen ni otras palabras con connotaciones negativas, que son muy antilingüísticas.

Por ejemplo, no es lo mismo lo que leemos en el *Poema de mio Cid* que lo que estás leyendo ahora en este libro. Ni siquiera habláis igual tú y tu abuela —incluso ahí hay algo de diacronía—, ni para el caso un madrileño y un andaluz (¡ni siquiera un sevillano de Triana y uno de Dos Hermanas!), aunque esto ya es sincrónico.

Ahora imagina qué pasaría durante siglos y siglos. Unos indoeuropeos se fueron más hacia el este; otros, más hacia el oeste... Ese **tréyes* fue cambiando poco a poco a formas parecidas pero ya diferentes, tanto respecto al original como entre sí.

Naturalmente, **sabiendo que el español desciende del latín, lo que nos interesa a nosotros son los indoeuropeos que acabaron en la península itálica**.

Pero primero vamos a ver un poco más sobre el protoindoeuropeo, concretamente, sobre la primera mutación consonántica del germánico, gracias a la cual podemos establecer correspondencias entre raíces germanas y latinas.

### *Los hermanos Grimm no solo coleccionaban cuentos de hadas*

Todo el mundo sabe que los hermanos Grimm son famosos por dedicarse a recopilar cuentos de hadas como *Cenicienta*, *Blancanieves* o *La bella durmiente*. Tremenda como fue esta labor filológica, lo que nos interesa a nosotros ahora es la hazaña lingüística de uno de ellos, Jacob (o Jakob), que formuló la conocida como ley de Grimm.

Pese a su nombre, realmente no fue Grimm quien hizo el descubrimiento en sí mismo. Sin embargo, como con tantas otras cosas en la historia, quizá no es tan importante ser el descubridor como ser el que hace algo con lo descubierto (ahí tenemos a Cristóbal Colón...).

Ya otros lingüistas anteriores a Jacob Grimm habían intuido los fundamentos de esta ley e incluso habían escrito al respecto. Sin embargo, fue Grimm quien tomó todos esos datos anteriores y los moldeó hasta dar con la formulación de la *erste Lautverschiebung*, o sea, la primera mutación consonántica [del germánico]: la ley de Grimm, para los amigos.

Más allá de ser curiosísima, como vamos a ver, esta ley fue, de hecho, la primera formulada en lingüística en cuanto a cambios fonéticos sistemáticos. Es decir, **esta ley supuso un antes y un después en la lingüística histórica**. ¡Gracias, Jacob! ¡A ti debemos este libro!

La ley de Grimm da cuenta de una serie de cambios en cadena en las consonantes de las lenguas germánicas respecto a las de las restantes lenguas indoeuropeas. Dicho de otra forma: establece las divergencias sistemáticas que las lenguas germánicas tuvieron respecto a las no germánicas.

Por ejemplo, si en latín tenemos PISCIS y en inglés tenemos *fish*, y en latín tenemos PES, PEDIS y en inglés tenemos *foot*, vemos que, donde en latín tenemos *p*, en inglés tenemos *f*. Si, entonces, empezamos a comparar muchos otros cientos de raíces y confirmamos que siempre pasa lo mismo (que a una *p* latina le corresponde una *f* inglesa), es que algo hay ahí.

Naturalmente, Grimm y sus predecesores no hablaban del inglés, sino del bajo alemán, de las lenguas altogermánicas, etc. Nosotros nos limitaremos al inglés, que es una lengua mucho más al alcance de todos y que muchos manejamos con razonable soltura. Como todas ellas son lenguas germánicas al fin y al cabo, nos vale lo mismo el inglés.

Pues bien, vamos a hacer una síntesis de la **ley de Grimm, lo que nos va a permitir poder jugar el resto de nuestras vidas comparando raíces**. Una vez más: ¡gracias, Jacob!

Según esta ley, las consonantes oclusivas del protoindoeuropeo, que por lo general se mantuvieron tal cual en latín, mutaron al evolucionar a la familia germánica. (No te acongojes por los tecnicismos. Lo vemos rápido y luego ponemos ejemplos.)

Es posible que el fenómeno comenzara cuando las oclusivas sonoras aspiradas del protoindoeuropeo perdieron la aspiración y pasaran a la respectiva oclusiva sonora sin aspiración en las lenguas germánicas, tal que así (recuerda: algo precedido por asterisco se refiere al protoindoeuropeo):

- $*b^h$ > /b/
- $*d^h$ > /d/
- $*g^h$ > /g/

El problema es que ahora las antiguas **b*, **d*, **g* del protoindoeuropeo se confundían con los nuevos sonidos procedentes de $*b^h$, $*d^h$, $*g^h$ tal y como acabamos de ver. Esto habría causado que las **b*, **d*, **g* primarias también cambiaran, siguiendo la cadena de cambios iniciada por el paso anterior:

- **b* > /p/
- **d* > /t/
- **g* > /k/

¿Y el problema ahora? Efectivamente: las antiguas **p*, **t*, **k* se confundían con los nuevos sonidos procedentes de **b*, **d*, **g* según lo recién visto. Por tanto, las antiguas **p*, **t*, **k* también habían de cambiar:

- **p* > /f/
- **t* > /θ, ð/ (como en inglés *think* y *the*, respectivamente)
- **k* > /h/ (como en inglés *have*)

El resumen sería el siguiente:

| **Cambios en cadena de la ley de Grimm**<br>Un cambio va forzando el siguiente para evitar que p. ej. /b/ procedente de *$b^h$ se mezcle con la *b originaria, que ahora ha de cambiar a /p/. | | |
|---|---|---|
| primer cambio | fuerza este cambio | que fuerza este otro |
| **$b^h$* > /b/ | **b* > /p/ | **p* > /f/ |
| **$d^h$* > /d/ | **d* > /t/ | **t* > /θ, ð/ |
| **$g^h$* > /g/ | **g* > /k/ | **k* > /h/ |

Con todo esto, podemos ver algunos ejemplos, que es lo realmente divertido. Presta especial atención a la diferencia entre el inglés y el latín. ¡Usa la lista de cambios anterior como chuleta para ver todos los que han ocurrido! (Cuando en latín se dan dos formas, fíjate especialmente en la segunda. Y no te dejes agobiar con las raíces y todos sus símbolos raros: vale con que te quedes con la esencia).

| **Comparación de palabras inglesas y latinas**<br>Se resaltan en negrita los sonidos implicados: es el mismo en protoindoeuropeo y latín, y diferente en inglés. | | |
|---|---|---|
| protoindoeuropeo | inglés | latín |
| ***_d_**_é_**_ḱ_**_m̥_ 'diez' | _ten_ (< **_t_**_e_**_h_**_n_) | **D**E**C**EM |
| ***_d_**_n̥ǵhwéh$_2$s_ 'lengua' | **_t_**_ongue_ | **D**INGUA |
| ***_g_**_el-_ 'frío' | **_c_**_old_ | **G**ELU |
| ***_p_**_eys_**_ḱ_**_-_ 'pez' | **_f_**_ish_ | **P**ISCIS |
| ***_p_**_l̥h$_1$nós_ 'lleno' | **_f_**_ull_ | **P**LENUS |
| ***_ped_**_-_ 'pie' | **_foot_** | **P**ES, **PED**IS |
| ***_p_**_h$_2$_**_t_**_ḗr_ 'padre' | **_f_**_a_**_th_**_er_ | **P**A**T**ER |
| ***_ḱ_**_ḗr_**_d_**_-_ 'corazón' | **_h_**_ear_**_t_** | **C**OR, **C**OR**D**IS |
| ***_ḱ_**_wṓn_ 'perro' | **_h_**_ound_ | **C**ANIS |

Algunas notas:

- Como veremos, la *c* en latín siempre representa /k/.
- Se documenta la forma originaria *dingua*, que luego evolucionó a lingua, quizá por influencia del verbo *lingo* 'lamer'; tampoco es infrecuente el intercambio de /l/ y /d/, como en *olor* pero *desodorante*, o el medieval *melezina* por *medicina*.

- De *gelu* tenemos el español *gélido*, el italiano *gelato*...

La lista sería interminable, ¡y de hecho hay publicados auténticos diccionarios al respecto (y también listados gratuitos por internet)! Pero en algún momento hay que parar. Eso sí, espero haber despertado, aunque sea un poco, tu interés por la apasionante lingüística indoeuropea.

Ahora tenemos que volver al punto donde habíamos dejado nuestra historia: esos intrépidos indoeuropeos que fueron migrando, migrando, migrando... hasta la península itálica.

### *Unos indoeuropeos invaden la península itálica*

Parece que diversas olas de poblaciones indoeuropeas fueron llegando a la península itálica (en adelante, aunque estrictamente anacrónico, simplemente Italia) desde el segundo milenio antes de Cristo. Sin embargo, no sería hasta alrededor del año 1000 a. C. cuando llegaron los indoeuropeos que habían de hacerse dueños del territorio de forma definitiva.

Estas personas son lo que hoy llamamos *itálicos*, cuya variedad del protoindoeuropeo —ya separada del tronco común— damos en llamar ***protoitálico* o *itálico común***, del que a su vez derivan las diversas lenguas itálicas, entre las que se encuentra el latín. O sea, que estos mismos indoeuropeos, ahora itálicos, se fueron separando unos de otros, y sus lenguas fueron divergiendo, igual que milenios antes los indoeuropeos esteparios fueron separándose, y sus lenguas, divergiendo. Vemos que la historia se repite, y volverá a repetirse cuando a su vez el latín se escinda en las diversas lenguas romances.

De todos los pueblos itálicos —los que hablaban lenguas itálicas—, van a ser los habitantes del Lacio (LATIUM), **los romanos, hablantes del latín, los que acaben prevaleciendo y dominando Italia ya en el 265 a. C.**, de modo que las demás lenguas itálicas (y otras no itálicas que estaban ahí desde antes de la llegada de los itálicos) acabarán siendo absorbidas por el latín, la lengua del Lacio.

## *Fuerza y* HONOS

No exagero si digo que la película *Gladiator* es bastante culpable de que yo haya acabado siendo filólogo clásico. Es famoso el eslogan de Máximo Décimo Meridio: fuerza y honor, traducción del original inglés *strength and honor*, que a su vez —se dice por ahí— es la traducción de *virtus et honos*. Este *honos* del latín es en cierta forma un fósil dentro de la propia lengua de los romanos, pues el plural canónico es honores, aunque antes había sido efectivamente honoses. Y es que también el latín tiene su propia lingüística histórica.

Ni que decir tiene que todas las lenguas vivas están en constante cambio, y el latín —antes de dejar de estar vivo— no iba a ser menos. No estamos hablando de cómo el latín fue evolucionando a las diversas lenguas romances: aún no estamos en ese punto. Estamos hablando de cómo el latín, dentro de su propia historia, fue evolucionando (al menos dentro de lo que podemos saber de forma más o menos certera), y cómo **no era el mismo el latín de Escipión el Africano, el de Julio César e incluso el de Augusto, una generación más tarde**.

El texto latino más antiguo que conservamos (al menos en el momento de escribir esto: ¡ojalá haya que actualizarlo pronto!) es el de la fíbula de Preneste. Una fíbula es un pasador, un broche, literalmente una hebilla, por ejemplo para recogerse el pelo o para asegurar la ropa. Pues bien, en 1887 se descubrió una fíbula de oro con una inscripción.

Aunque durante un tiempo se dijo que era una falsificación (no infrecuentes en todo este tipo de descubrimientos o supuestos descubrimientos arqueológicos: antes no había redes sociales y para conseguir un poco de atención y fama había que supuestamente descubrir *lo más antiguo* o *lo más grande*, aunque eso implicara falsificar lo que hiciera falta), en 2011 se confirmó, con la ciencia actual, que la fíbula prenestina y su inscripción son auténticas.

Esto es muy importante, porque, como ya hemos dicho, supone el texto latino más antiguo del que tenemos conocimiento. Concretamente, se estima que es del **siglo VII a. C.** El texto dice así:

MANIOS MED FHEFHAKED NVMASIOI

Incluso si no sabes latín, es posible que veas cosas raras ahí. En latín clásico, sería así:

MANIUS ME FECIT NUMERIO

O sea:

*Manio me hizo para Numerio.*

Sí, la fíbula habla en primera persona y nos cuenta su vida: que su padre es un tal Manio y que su razón de ser es un tal Numerio.

Si comparamos el latín original con la modernización clásica, vemos obvias semejanzas, pero también bastantes diferencias. Normal: ¡entre el latín del siglo VII a. C. y el latín clásico del I a. C. han pasado muchos siglos!

Otra famosa inscripción es la del jarrón Duenos, así llamado precisamente por recoger la forma arcaica DUENOS donde el latín clásico diría BONUS. Se estima que este texto es de mediados del **siglo VI a. C.**

Aquí tenemos un cambio típico entre el latín más arcaico y el menos arcaico: el cambio de DUE- por BO- o por BE-, como en DUELLUM, forma primigenia del clásico BELLUM 'guerra'. Curiosamente, por influencia de DUO 'dos', pasó a significar 'combate de dos' en latín medieval, y de ahí nuestra palabra *due-*

*lo*. Por cierto, ¿puedes ver la relación entre lo dicho y el parentesco entre DUO 'dos' y BIS 'dos veces'?

En ambas inscripciones vemos que el latín más antiguo decía -OS donde el clásico tendría el famoso y latinísimo -US: MANIUS, BONUS. También podemos ver otro cambio entre el latín más arcaico y el posterior: una S entre vocales se convierte en R, como en NUMASIOI > NUMERIO; por jugar un poco más: compara el inglés *mouse* o el griego μῦς *mûs* con el español antiguo *mur* 'ratón' (del latín MUS, MURIS), todos ellos de **múh*$_2$*s*.

Ya vimos algo en la tabla de la ley de Grimm, pero ahora es buen momento para aclararlo como es debido. En latín, los sustantivos se enuncian dando dos formas (nominativo y genitivo): de ahí el infame ROSA, ROSAE. En muchos casos no hay gran diferencia entre una y otra forma, pero en muchos otros, como en HONOS, HONORIS (o el COR, CORDIS de la tabla, o en CAPUT, CAPITIS, o en APOLLO, APOLLINIS), vemos que la raíz cambia. En estos casos (básicamente, cuando la segunda forma acaba en -IS), siempre tenemos que tomar la raíz a partir del genitivo para nuestros propósitos de ver la evolución y palabras derivadas: así, HONOR- (*honorífico*), CORD- (*cordial*), CAPIT- (*capital*), APOLLIN- (*apolíneo*).

Un cambio muy importante y que el español hereda tal cual es la **apofonía: el cambio de vocales en muchas palabras al ponérseles un prefijo**. Por ejemplo, el contrario de AMICUS no es *INAMICUS (aquí, el asterisco significa que es una forma incorrecta), sino INIMICUS («amigo» → «enemigo»); algo con sal era SALSUS, pero algo sin sal no era *INSALSUS, sino INSULSUS; el contrario de APTUS no era *INAPTUS, sino INEPTUS; y de aquí exactamente viene que el que no tiene barba no sea *imbarbe, sino imberbe.

Por último, hemos de mencionar el decreto del Senado sobre las bacanales. El *Senatus consultum de Bacchanalibus* **es tan reciente como el año 186 a. C.**, o sea, de los últimos años de la vida del célebre Escipión Africano, el vencedor de Aníbal. Claro, pensaríamos que ese latín ya debía de ser más o menos como el de César, Virgilio o Cicerón. Sin embargo, no. Justamente, esta debió de ser la época en que los mayores cambios estaban en plena ebullición: por eso este texto se usa siempre en la universidad para ilustrar los cambios entre el latín arcaico y el clásico.

Un fragmento del decreto en el latín original (con alguna modificación estética por mi parte):

> SEI QUES ESENT, QUEI SIBEI DEICERENT NECESVS ESE BACANAL HABERE, EEIS VTEI AD PR. URBANUM ROMAM VENIRENT, DEQUE EEIS REBVS, VBEI EORVM VERBA AVDITA ESENT, VTEI SENATVS NOSTER DECERNERET, DVM NE MINVS SENATORIBVS C ADESENT, QVVM EA RES COSOLORETVR.

El equivalente en latín clásico:

Si quis essent, qui sibi dicerent necesse esse Bacchanal habere, eis uti ad pr[aetorem] urbanum Romam venirent, deque eis rebus, ubi eorum verba audita essent, uti senatus noster decerneret, dum ne minus senatoribus C adessent, cum ea res consuleretur.

Dejando de lado sutilezas dignas de la asignatura de la universidad, podemos ver al menos una cosa que se repite constantemente: el diptongo EI arcaico (procedente directamente del diptongo **ei*) en latín clásico monoptonga en I, como en SEI > SI o DEICERENT > DICERENT.

Hablando de Aníbal, ¿te habías preguntado alguna vez por qué las guerras contra los cartagineses son llamadas *púnicas*? Otros cambios en los diptongos son los arcaicos OI y AI, que suelen evolucionar a OE y AE respectivamente. Sin embargo, OI también puede tener otra evolución interesante: U. Cartago comenzó su andadura histórica como una colonia fenicia (del arcaico adjetivo latino Phoinicius, clásico Phoenicius). Ahora bien, ese diptongo evolucionado a U acaba dando el adjetivo Punicus; las dos versiones son sinónimas en latín. Un caso similar lo tenemos en el doblete POENA 'pena (legal)' y PUNIRE 'punir, castigar'.

Y, si has estudiado latín, quizá recuerdes aprender que el pretérito perfecto de indicativo era así: AMAVISTI, AMAVERUNT, etc.; sin embargo, autores tan clásicos como Julio César o Cicerón usaban tanto esas formas como las reducidas del tipo AMASTI y AMARUNT, obvias predecesoras —como veremos— de las españolas *amaste* y *amaron*.

Otro cambio que estaba bien caliente en época clásica era el de algunas síncopas vocálicas, es decir, la pérdida de algunas vocales átonas (normalmente justo delante o justo detrás de la vocal tónica). Así, Quintiliano recoge la anécdota de que Augusto se burlaba de su tío adoptivo Julio César porque este decía CALIDUS en lugar de CALDUS, y que básicamente eso era de viejuno y pedante.

En fin, todo esto son solo unos pocos ejemplos. La conclusión, en cualquier caso, es que todas las lenguas evolucionan, y que este proceso es absolutamente natural. ¡Las únicas lenguas que no evolucionan son las lenguas ya muertas!

### *«Las lenguas romances son latín mal hablado»*

Yo odio esta frase que es posible que hayas leído o escuchado alguna vez. Hay algo de verdad en ella, pero tiene el problema de que sugiere de forma bastante explícita la equivocadísima idea de que el sublime latín de Cicerón fue corrompiéndose —y rompiéndose— hasta convertirse en las lenguas romances. Aquí hay mucho de que hablar...

Sí **es cierto que el latín se fragmentó** —igual que ya lo había hecho el protoindoeuropeo— en diversas lenguas: las lenguas romances, románicas o neolatinas. Antes de hablar de eso, sin embargo, es muy importante que sepamos de qué estamos hablando y qué latín se rompió, porque es que había más de un latín, igual que hay más de un español.

Es una auténtica perogrullada decir que no usamos el mismo español exponiendo un trabajo universitario, en una entrevista de trabajo, en el día a día con la familia o borrachos con los amigos. Tampoco escribimos igual la tesis, un correo al jefe, un comentario en una red social o unas líneas por cualquier servicio de mensajería móvil.

De la misma forma, **no había un único latín**. La misma persona, dependiendo de sus circunstancias, usaba un registro u otro. Por desgracia es prácticamente imposible saber cómo hablaban realmente los romanos, y lo más a lo que podemos aspirar es a saber cómo escribían (y ya sabemos que ni siquiera usamos el mismo español *escribiendo un mensajito* a un amigo que *hablando* a ese mismo amigo).

Esto es importante, porque el 99,99 % del latín que se producía debía de ser oral. O sea, que hemos perdido todo eso y tenemos que conformarnos con la ínfima parte del latín que suponían los textos escritos, ya fueran comedias de Plauto, poemas cursis de Catulo o discursos de Cicerón.

Cuando pensamos en *latín*, pensamos en Julio César, Virgilio, Cicerón, Ovidio... o sea, que pensamos en latín clásico, que es además el que aprendemos en el instituto y en la universidad. Y, sin embargo, **el latín clásico no era sino un latín artificioso y artificial** en mayor o menor medida —según el autor y el género literario—; sí, lógicamente *basado en el latín real*, pero no el latín que la gente hablaba en la vida cotidiana, al fin y al cabo.

> Era del año la estación florida
> en que el mentido robador de Europa
> (media luna las armas de su frente,
> y el Sol todos los rayos de su pelo),
> luciente honor del cielo,
> en campos de zafiro pace estrellas,
> cuando el que ministrar podía la copa
> a Júpiter mejor que el garzón de Ida,
> náufrago y desdeñado, sobre ausente,
> lagrimosas de amor dulces querellas
> da al mar, que condolido,
> fue a las ondas, fue al viento
> el mísero gemido,
> segundo de Arïón dulce instrumento.

Lógicamente, Góngora no hablaba así en la vida real, pero escribe en un español altamente artificioso porque es el estilo que él eligió para su obra. Salvando las distancias, podríamos decir que el latín clásico es al latín coloquial lo que Góngora es al español cotidiano. Igual que tú y yo no hablamos como las *Soledades* del poeta cordobés, los romanos normales no hablaban como lo que podemos leer en las obras clásicas.

¿Y entonces?

**Los romanos en su día a día hablaban latín vulgar**, nombre un poco desafortunado porque parece que estaban hablando todo el día de caca-culo-pedo-pis; por eso muchas veces se prefiere hablar de latín *coloquial* o muchos otros nombres con menos connotaciones. (Sin embargo, *vulgar* no hace más que referencia al vulgo, al pueblo, o sea, que es como decir *latín popular.*)

Ahora, un *mea culpa* colectivo.

Acabamos de decir que tenemos el latín clásico y el latín vulgar; también, el latín arcaico y otros. Es probable que los profesores y quienes hablamos de estas cosas tengamos buena parte de culpa en un equívoco en el que se suele incurrir.

Tal y como suele exponerse la historia del latín y su evolución a las lenguas romances, parecería que hay una **cronología bastante clara: latín arcaico, que va evolucionando hasta el latín clásico, que va corrompiéndose en el latín vulgar, y de este latín vulgar salen las lenguas romances**.

Por poner un ejemplo rápido, en la propia asignatura de Gramática Histórica en la universidad se dice algo como esto: latín clásico OCULUM > latín vulgar *ocolo* > diversas etapas evolutivas > español *ojo.*

Realmente no es así.

Lo importante es que entendamos que los latines no van sucediéndose unos a otros de forma cronológica. Lo otro importante que tenemos que entender es que había una especie de diglosia, aunque no exactamente: eran más bien dos versiones, dos registros del latín, cada uno de los cuales se empleaba en sus contextos apropiados.

Esto ya lo hemos tratado antes. Yo soy la misma persona siempre, pero no voy a hablar español igual ante un juez que con mis amigos; no voy a escribir igual un trabajo universitario que un comentario en redes sociales. El 99 % del tiempo uso un español no elevado, no formal, no artificioso. Todos los registros son español, la misma lengua, pero diferentes versiones.

En el caso del latín, podemos simplificarlo de la siguiente forma: **el latín clásico es el registro culto y elevado** que empleaban los romanos cultos para escribir sus obras; **lo demás era un registro popular del latín**.

Yo en la vida real, en conversaciones espontáneas, no creo que diga a menudo *no obstante* o use el pretérito anterior: *Cuando hube terminado de comer, me marché.*

Sí existen *no obstante* y el pretérito anterior en español, pero no son parte del español coloquial del día a día, sino del español de nivel medio-altito.

No podemos saber cómo hablaba Cicerón en casa, pero sí sabemos que el latín que empleaba en sus discursos era más elevado que el de sus cartas, más cercano al latín real (aunque bastante relamido, aun así: ¿has leído alguna vez una de esas cartas tan sumamente formulaicas que se enviaban nuestros abuelos, incluso entre familiares?).

Llevo dando ya varias vueltas para ponerte en contexto, y ahora voy a lo importante. **No debemos pensar que el latín clásico es el latín *normal* y que el latín vul-**

**gar es su evolución-involución-degeneración.** No: el latín clásico y el latín vulgar coexistían.

Tampoco debemos pensar que el latín vulgar es el que se sale de la norma. ¡En absoluto! Es más bien al contrario: si uno compara el latín arcaico y el latín vulgar, va a ver muchas cosas en común, respecto a las cuales el latín clásico difiere.

Por tanto, lo más acertado probablemente sea pensar que **el latín vulgar es la legítima continuación del latín arcaico**, y que es, de hecho, el latín clásico el que diverge de lo esperable: **es el latín clásico el que se aparta, de forma artificial, de la lengua real**. Podríamos representarlo gráficamente así:

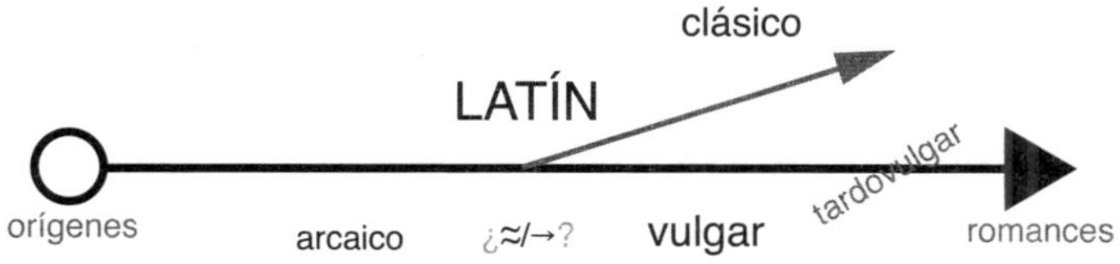


Todo esto está bastante simplificado, pero creo que se ha entendido qué es (y qué no es) el latín vulgar, lo mismo con el clásico, y por qué **lo que nos interesa a nosotros para la evolución del español es la lengua latina del día a día**, no la de los pomposos discursos de Cicerón, y **muy especialmente el latín vulgar *y tardío*, o sea, tardovulgar (a partir del siglo III d. C.)**, que es el término que vamos a usar a partir de ahora, porque técnicamente el *latín vulgar*, si es el latín que hablaba la gente cotidianamente, existe desde que se hablaba el latín, y no es esa etapa la que nos vale para la evolución de las lenguas romances.

## *Mater tua māla burra ēst*

Una de las grandes diferencias entre el latín arcaico, clásico y afines y el latín tardovulgar es el sistema vocálico. Tomemos la frase del título, que obviamente no significa Tu madre es una mala burra, sino Tu madre come manzanas rojas. Vamos a verlo.

En latín clásico teníamos diez vocales: igual que en español, *a*, *e*, *i*, *o*, *u*, pero cada una de ellas podía ser larga o breve, o sea, durar un poco más o un poco menos. Esto no era baladí como pueda pensarse, sino que **la diferencia entre una misma vocal larga (ā) o breve (ă) podía cambiar por completo el significado de una palabra**, la función sintáctica de esta en la oración, etc.

En la frase que nos ocupa, māla significa 'manzanas', mientras que 'mala' sería măla; y ēst significa 'come', mientras que 'es' sería ĕst. Otro caso curioso de pares de palabras que difieren en la cantidad de una de sus vocales es justo amarĕ 'amar' y amarē 'amargamente'.

Estos pares de palabras que difieren en un único fonema son conocidos técnicamente como *pares mínimos*. Es un concepto importante, como iremos viendo, porque permite establecer si la diferencia entre dos sonidos es fonológicamente irrelevante o si la diferencia es relevante. Como hemos visto, en latín la cantidad vocálica es relevante, porque MĀLA y MĂLA tienen significados distintos (por tanto, decimos que Ā y Ă son fonemas distintos). En inglés tenemos los fonemas /d/ en *day* 'día' y /ð/ en *they* 'ellos': la diferencia es relevante; en cambio, en español no importa si pronunciamos {dé.ðo}, {dé.do}, {ðé.ðo}, etc., que todas esas pronunciaciones hacen referencia al dedo: la diferencia es fonológicamente irrelevante. En cambio, es relevante en español la mera posición del acento, como se ve muy bien en las llamadas *tritónicas*: son tres palabras distintas *cómputo, computo* y *computó*, o *límite, limite* y *limité*, etc.

Además de lo que acabamos de ver, la cantidad de la penúltima sílaba es muy importante en latín, porque determina el acento de la palabra:

- si la penúltima sílaba es larga, la palabra es llana: AMĪCUS {a.mí.kus}
- si es breve, es esdrújula: ANĬMUS {á.ni.mus}

Como el español mantiene en el 95% de los casos el acento que había en latín según *la regla de la penúltima sílaba*, esta es justo la razón por la que los diccionarios como el de la RAE incluyen la cantidad de la vocal de la penúltima sílaba en la sección etimológica de cada palabra:

| amigo, ga | ánimo |
|---|---|
| Del lat. *amīcus* | Del lat. *animus,* |

Ahora bien, en latín tardovulgar no estaba vigente el sistema de diez vocales con oposición de cantidad, sino que se había transformado en un sistema de siete vocales tónicas y cinco átonas sin oposición de cantidad. O sea, en las sílabas átonas solo había *a*, *e*, *i*, *o*, *u* (y ya no era relevante la cantidad), y en las sílabas tónicas podíamos tener *a*, *i*, *u*, una *e* abierta (/ɛ/) y una cerrada (/e/), y una *o* abierta (/ɔ/) y una cerrada (/o/). No es casualidad que este sistema (o uno muy similar) sea el que sigue habiendo en lenguas como el catalán, el gallego o el italiano.

En estas lenguas (o al menos en su variedad normativa), la abertura de *e* y *o* es fonológicamente relevante, porque podemos tener pares mínimos según tengamos la vocal abierta o cerrada, aunque ortográficamente no haya diferencia. Así, el italiano *pesca* tiene distintos significados según la abertura de la vocal: 'pesca' (de *pescar*) con *e* cerrada, y 'melocotón' (emparentado con el *peach* del inglés) con *e* abierta.

De forma bastante sistemática —como suelen ser los cambios en la evolución fonética—, tenemos las siguientes correspondencias entre el sistema vocálico clásico y el tardovulgar:

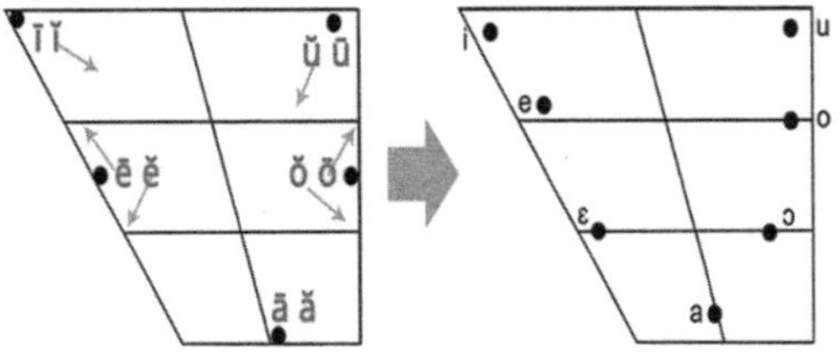


De forma más esquemática, tenemos lo siguiente:

| | | | | | | | | |
|---|---|---|---|---|---|---|---|---|
| Ī | Ĭ | Ē | Ĕ | Ā Ă | Ŏ | Ō | Ŭ | Ū |
| /i/ | /e/ | | /ɛ/ | /a/ | /ɔ/ | /o/ | | /u/ |

Por lo general, las vocales tardovulgares van a conservarse tal cual en español; pero, como es una lengua con solo cinco vocales, hay dos obvias excepciones: /ɛ/ diptongará a *ie*, y /ɔ/ diptongará a *ue*. Vamos a verlo con ejemplos:

- PĪLA > *pila*
- PĬLU > *pelo*
- PLĒNU > *lleno*
- PĔTRA > *piedra*
- PĀCE > *paz*
- PĂTRE > *padre*
- PŎRTA > *puerta*

- HŌRA > *hora*
- LŬPU > *lobo*
- LŪNA > *luna*

**Después de tantos años, a mí sigue pareciéndome maravilloso que las correspondencias sean tan sistemáticas**, y que las excepciones sean en su mayoría a causa de otros cambios que —por así decirlo— tienen prioridad y por tanto se superponen.

De hecho, tan bien funciona todo esto que respeta de forma sumamente fiel las reglas. Hemos visto que Ĕ y Ŏ (/ɛ/ y /ɔ/ en latín tardovulgar) diptongan en sílaba tónica; en cambio, en sílaba átona (donde hemos dicho que solo hay cinco vocales) simplemente pasan a *e* y *o*. Justo de aquí viene la *irregularidad* de muchos verbos, que realmente no es más que, precisamente, el seguir a rajatabla estas correspondencias. El verbo *negar* proviene de NĔGARE: cuando esa Ĕ está en sílaba tónica, diptonga; cuando está en sílaba átona, se queda como *e*. Así lo vemos por ejemplo en el presente de indicativo (tildes ilustrativas): *niégo*, *niégas*, *niéga*, *negámos*, *negáis*, *niégan*.

Frente a otras lenguas romances, el español se caracteriza por diptongar prácticamente siempre /ɛ/ y /ɔ/. El extremo opuesto lo encontramos en el portugués y el catalán, que no las diptongan nunca. La posición intermedia la ocupan el italiano y el francés, que diptongan algunas veces y otras no, según lo que llamamos *contexto fónico*: si la vocal abierta se encuentra al final de su sílaba, diptonga; pero, si tras la vocal abierta hay una consonante en la misma sílaba, no diptonga. Por ejemplo, PETRA > {pɛ́.tra} diptonga: *piedra*, *pietra*, *pierre*; pero PORTA > {pɔ́r.ta} diptonga solo en español: *puerta*, *porta*, *porte*. ¡Importantísimo el contexto fónico!

Y no, no me he olvidado de la evolución de los tres diptongos clásicos, que por lo general van a monoptongar. El diptongo *ae* suele pasar a /ɛ/ y luego actuar igual que la /ɛ/ procedente de ĕ: CAELU > *cielo*; hay algunas excepciones en que actúa como /e/ procedente de ē: FAECE > *hez*. En cambio, *oe* siempre actúa de esta última forma: POENA > *pena*. El que más se resiste al cambio es *au*, que en español suele llegar hasta o (AURU > *oro*), pero que por ejemplo en gallego se queda en una etapa anterior (*ouro*), y en rumano directamente queda tal cual (*aur*). Cabe mencionar que otras secuencias que forman diptongo en español no son diptongo en latín, muy típicamente *ia*, *ie*, etc. o *ua*, *ue*, etc.; así, RATIONE es {ra.ti.ó.ne} en latín clásico.

El diptongo AU tiene su propia historia e incluso alguna historieta. En el habla rural y popular, tendía a monoptongar en o ya en época clásica. Por supuesto, los romanos cultos de bien se esforzaban por pronunciar AU bien clarito. Sin embargo, incluso algo como esto podía usarse de forma populista. Efectivamente, había un tal Publio Clodio Pulcro cuyo *nomen* no era originariamente *Clodius*, sino *Claudius*; por interés político (quería ganarse a la plebe, en oposición a la aristocracia a la que él mismo pertenecía), se lo cambió a la versión popular sin diptongo.

El último gran fenómeno vocálico tardovulgar es la conocida como tendencia antihiática, es decir, a eliminar hiatos clásicos. Un ejemplo de eliminación de hiatos: el latín COAGULARE {ko.a.gu.lá.re} resulta en el español *cuajar* {kua.jár}, donde vemos que el comienzo {ko.a} (con hiato) pasa a {kua} (con diptongo).

Nos saldrán muchos casos en los que tengamos una palabra en latín (p. ej. COAGULARE) y digamos que nos da un resultado en español (p. ej. *cuajar*). Sin embargo, todo el mundo sabe que en español también existe *coagular*. ¿Cómo es posible? Las palabras *cuajar* y *coagular* forman lo que se conoce como *doblete léxico*: una palabra que recibe el calificativo de *patrimonial*, que ha ido evolucionando desde el latín a través de los siglos (*cuajar*), y la otra palabra, el *cultismo*, que es esencialmente un préstamo del latín introducido a menudo en la Edad Media o el Siglo de Oro; se ha tomado la palabra latina tal cual (COAGULARE) y se ha adaptado mínimamente a la fonética y morfología española (*coagular*).

Los cultismos suelen dar, en efecto, la sensación de ser palabras más cultas que las patrimoniales, pero lo importante para que sea un cultismo no es eso, sino el hecho de ser un préstamo del latín. De hecho, hay casos de dobletes que en apariencia son al revés: *raudo* parece más culto que *rápido*, pero obviamente es esta forma la culta desde RAPIDU; lo mismo con *hastío*, que suena más culta que *fastidio*, pero es la última la que más se parece al latín FASTIDIU.

Otro ejemplo de tendencia antihiática: el latín PUTEU {pú.te.u} tiene un hiato {e.u}, que pasará a {io} (en una sola sílaba); o el ya mencionado RATIONE {ra.ti.ó.ne}, que pasará —ahora sí— a {ra.tió.ne}. Y aquí nos ha aparecido uno de los grandes villanos de la asignatura de Gramática Histórica: el sonido conocido como *yod*, es decir, la *i* que aparece en un diptongo. En menor medida, la *u* que nos aparece en un diptongo (conocida como *wau*) también da algo la lata, pero ya digo que mucho menos que yod, pues esta última puede llegar a causar auténticos estragos no solo en otras vocales, sino también en muchas consonantes dentro de la misma palabra. Lo iremos viendo...

## *Espik Espanish?*

Si has estudiado inglés —o, para el caso, casi cualquier lengua— con un profesor mínimamente atento a los detalles de la pronunciación, lo más probable es que te haya corregido el ai espik espanish, concretamente la e que los hispanohablantes tendemos a meter al principio, pero que no está en la lengua original. Esto, claro está, se remonta al latín.

En latín clásico no había ningún problema por pronunciar la llamada *s líquida*, o sea, la *s* seguida de consonante al principio de palabra: STATUA, SPERO, SCUTU... Por supuesto, todas ellas empiezan por *e* en español: *estatua, espero, escudo...* El fenómeno de la llamada *e protética* es algo que ocurrió en latín vulgar, aunque tiene su intríngulis y su casuística.

La *e* protética debió de ser usual en el habla popular de Hispania, la Galia y buena parte de Italia, por ese orden de intensidad. Así, el clásico STUDIU está en el español *estudio*, francés antiguo *estude* e italiano antiguo *istudio*. Por supuesto, en español sigue sin cambios. Por el contrario, el francés y el italiano actuales tienen *étude* y *studio*. Vemos que el italiano ha revertido la *e* protética, mientras que el francés ha hecho algo curioso: se ha quedado con la *e* y ha eliminado la *s*.

Esto nos sirve para hablar brevemente de la vigencia de las reglas y tendencias del cambio lingüístico. Por lo general, un proceso de cambio comienza en un punto cronológico determinado y, tras un tiempo —a menudo, siglos— actuando, acaba desactivándose porque ya ha hecho todo lo que tenía que hacer.

Si la regla es «*s* líquida genera una *e* protética», toda *s* líquida generará una *e* protética (y por tanto la *s* dejará de ser líquida), y esa *e* protética permanecerá incluso cuando la regla se haya desactivado porque ya no queda ninguna *s* líquida.

¿Qué ocurre si, una vez finalizada la vigencia de la regla, se introducen en la lengua (por ejemplo, a partir de extranjerismos) palabras con *s* líquida? Pueden ocurrir dos cosas. En francés, la regla se desactivó; las palabras con *s* líquida introducidas posteriormente conservan la *s* líquida sin problema, sin necesidad de añadir una *e* protética (así, p. ej., *scorpion* o *sportive*).

En cambio, en español la regla nunca llegó a desactivarse (o se reactivó en cuanto empezaron a llegar nuevas palabras con *s* líquida), y por eso STATUA es *estatua* tanto como *speak* es {es.pík}.

Así como ganamos una *e* por delante, perdimos varios sonidos por detrás. Si vienes a este libro con alguna mínima experiencia de lingüística histórica, te sonará aquello de que los sustantivos y adjetivos evolucionan desde el acusativo (esto es lo que llamamos étimo: la forma latina de la que partimos); y, si aprendiste algo de latín, sabrás que las palabras en acusativo terminan en *m*: PORTAM, DOMINUM, LEONEM...

Sin embargo, ya hemos visto aunque sea por encima algunas evoluciones y hemos dicho «CAELU > *cielo*», cuando, según esto, deberíamos haber dicho «CAELUM». ¿Por qué? En lingüística histórica, el consenso es presentar el étimo directamente sin la M final. ¿Y por qué? Porque se perdió tan tempranamente, y su pérdida es tan irrelevante para nuestros intereses, que así nos ahorramos ese paso.

De hecho, la pérdida de la -M parece haber sido generalizada incluso entre los romanos cultos ya en el siglo I d. C. Hablamos de la pronunciación, claro; o sea, los romanos cultos no la pronunciaban, pero sí la seguían escribiendo. Es lo mismo que el hecho de que nosotros seguimos escribiendo la *h* «porque es lo correcto», aunque no la pronunciemos. De la misma forma que la gente de menor educación puede omitir la *h* que debería escribirse, los romanos de menor educación tendían a no escribir la -M.

Sobre la pérdida de la H y la -T hablaremos más adelante...

## *«Afortunados los hispanos, para quienes beber es vivir»*

Circula por ahí, en latín, normalmente atribuida a Julio César, la frase que da nombre a este capítulo: *Beati Hispani, quibus bibere vivere est.* En español no tiene demasiado sentido, pero en latín tenemos ese *bibere* 'beber' y ese *vivere* 'vivir' que son iguales salvo por las *b* y las *v*. Y es que precisamente la frase declara que los hispanos, ya desde tiempos de los romanos, no distinguían *b* de *v*, y de ahí la gracia: que pronunciaban esos dos verbos igual, y especialmente que su vida era la bebida.

Una de las labores del filólogo es la de desconfiar de las historias e historietas que parecen demasiado bonitas para ser verdad, especialmente en cuanto a etimologías, pero no solo... En efecto, esta frase es espuria: no hay constancia alguna en las fuentes antiguas de que la dijera Julio César (ni, para el caso, ningún otro), porque es que además no habría tenido sentido en esa época...

Sí es cierto que actualmente el español no distingue en la pronunciación *b* de *v*, y sí es cierto que en latín tardovulgar había confusión entre *b* y *v*... pero ninguno de estos dos hechos tiene nada que ver con la frase, ni esta demuestra ni justifica nada. Vamos a hablar un poco de *betacismo*.

Antes de entrar de lleno, aclaremos los básicos. En latín clásico, la letra *v* representaba el fonema /w/, como en inglés *wet*. Por otra parte, como casi todo el mundo sabe, en latín había una sola grafía para /u/ y para /w/: todo era *v*; sin embargo, convengamos usar —como suele hacerse incluso en filología—, *u* para /u/ y *v* para /w/.

Por supuesto, son sonidos muy parecidos, y de ahí que los romanos los representaran con una sola letra; pero, aun así, eran dos fonemas diferentes: uno u otro sonido diferenciaba dos palabras (pares mínimos), como SERVI {sér.wi} 'siervos' y SERUI {sé.ru.i} 'entrelacé, tejí'.

Es posible que te estés preguntando: *¿Y cómo sabemos que v representaba /w/ y no /v/?* Es cierto que los italianos y los curas —que pronuncian el latín a la italiana— pronuncian v como /v/, pero esa no es la pronunciación originaria. Entre muchos otros datos lingüísticos, Cicerón recoge una anécdota que apoya la pronunciación como /w/. Antes de marchar a la desastrosa expedición contra los partos, Marco Licinio Craso oyó a un mercader anunciando higos procedentes de Caunas: CAUNEAS! Para los supersticiosos romanos, esto suponía un augurio: CAVE NE EAS! '¡Cuidado, no vayas!'. A Craso, que murió miserablemente en esa campaña, le habría venido bien hacer caso al vendedor de higos. Esta anécdota apoya la tesis de que v era /w/, no /v/, porque en otro caso no tendría sentido que CAVE NE EAS sonara prácticamente igual que CAUNEAS.

También tiene sentido que v sea /w/ (muy cercano a /u/) si tenemos en cuenta que hay palabras de la misma raíz, unas con v y otras con U: NAVIS {ná.wis}, pero NAUFRAGIUM {nau.frá.gi.um} o PRAECAVERE {prae.ka.wé.re}, pero PRAECAUTIO {prae.káu.ti.o}.

Los primeros testimonios de que hubiera hablantes que pronunciaban v como {β} son del siglo I d. C. Este *sonido* {β} no ha de confundirse con la *letra* beta griega; en transcripción, {β} representa un sonido como el del actual *lavar* o *abajo*, es decir, una *b* que puede mantenerse en el tiempo: haz como que vas a soplar una vela (con los labios muy juntos, pero no cerrados) y sopla tratando de pronunciar *b* (es posible que al principio te salga más una especie de *f*, pero concéntrate para que sea más bien *b*). Ese es el sonido que representamos como {β}. Esta matización es importante, porque el tema de *b* y *v* (que ya empieza en el propio latín) lo vamos a ir arrastrando a lo largo de todo el libro: ¡tan larga es su historia!

Es muy frecuente la evolución de /w/ a /v/ o similares como /β/ o /ʋ/. Ya en una lengua tan antigua como el sánscrito tenemos *veda* desde el protoindoeuropeo **weyd-* (y ahí tenemos una etimología curiosa: *veda* 'conocimiento' procede de la raíz que significaba 'ver', porque uno conoce lo que ha visto). Entre los primeros préstamos latinos en las lenguas germánicas tenemos VINUM 'vino' y VALLUM 'empalizada' (de donde el español *valla*); el hecho de que en inglés sigan teniendo /w/ en los descendientes *wine* y *wall* nos muestra que cuando esas palabras entraron en las lenguas germánicas desde el latín los germanos se las escuchaban a los romanos con /w/ y las adoptaron consecuentemente con ese sonido. Sin embargo, la mayoría de las lenguas germánicas evolucionaron en siglos posteriores todas las antiguas /w/ a /v/ (de ahí que por ejemplo en alemán *w* represente /v/, no /w/). Precisamente, el inglés es una gran excepción, pues es prácticamente la única lengua germánica —y para el caso casi la única indoeuropea— que conserva la **w* del protoindoeuropeo o de préstamos del latín con v /w/.

Acabamos de ver la primera pata del betacismo: *v* se pronuncia {β}. Ahora vamos con la segunda pata: la *b* entre vocales (no en otros casos) se pronuncia también {β}. Así, en *debere* tenemos una pronunciación {de.βé.re} en lugar de la clásica {de.bé.re}. Como puede suponerse, aquí empieza la confusión. Antes teníamos *v* que era /w/ y *b* que era /b/, por lo que no había confusión posible, igual que no hay confusión entre por ejemplo una *f* y una *p*.

Pero ahora tenemos *v* que es {β} y B que puede ser {β} cuando aparece entre vocales. **Si un mismo sonido {β} está representado por dos letras, ahora hay que saber de memorieta qué palabras se escriben con B y cuáles con V**, igual que actualmente en español con *b* y *v*, con *g* o *j*, o con o sin *h* (o los hablantes seseantes —la mayoría—, con *z* o con *s*, y los hablantes yeístas —ídem—, con *y* o con *ll*).

Aunque los primeros testimonios de confusiones sean del siglo I d. C., no debía de ser aún lo más frecuente. Sí que debía de serlo ya hacia el siglo III, pues los gramáticos tienen que empezar a dar reglas ortográficas específicas. Por ejemplo, el *Appendix Probi* recoge errores como BACULUS NON VACLUS o VAPULO NON BAPLO: tenemos un caso en que la gente usaba V cuando debía ser B, y lo contrario, un caso en que la gente usaba B cuando debía ser V, lo que demuestra que las confusiones iban en ambas direcciones. (Por cierto, ¿recuerdas que Augusto se burlaba de César por decir el clásico CALIDUS en lugar del popular CALDUS? Una síncopa vocálica la tenemos justo en los dos casos citados: puro latín vulgar.)

Tras todo lo dicho, merece la pena recordar que la B latina que *no* iba entre vocales seguía siendo /b/, por ejemplo en BELLUM o AMBO. Por tanto, nos quedamos con la siguiente situación tardovulgar:

- {β} para toda V y para B solo intervocálica
- /b/ para B no intervocálica

Y aquí dejamos de momento el betacismo. Esta situación tardovulgar será la que retomemos en el castellano medieval.

Para cerrar el capítulo en forma de anillo, volvamos a la supuesta cita de César sobre los hispanos. Si los primeros testimonios son del siglo I d. C., y de hecho se encuentran en Italia y otros territorios fuera de Hispania, ya vemos que no tiene sentido que la dijera Julio César —que vivió en el siglo I a. C.— respecto a los hispanos. La anécdota queda, por tanto, desmentida: tanto el dato como la atribución.

Lo que nos importa realmente es que **el betacismo es un fenómeno *panromance*: como ocurrió dentro**

**del propio latín, continúa en todas las lenguas romances**, aunque luego cada una pueda proseguir su propia evolución de forma divergente.

*No solo de yod vive la lingüística histórica (pero casi)*

No es casualidad que el usuario en redes sociales de Lola Pons, catedrática experta en historia de la lengua española, sea @Nosolodeyod, en obvia alusión al que unas páginas más arriba califiqué de uno de los grandes villanos de la asignatura de Gramática Histórica: el sonido conocido como *yod*. Y es que, en efecto, **la *yod* causará auténticos estragos en muchas consonantes latinas, muy especialmente C, G, T, D, transformándolas en nuevos sonidos inexistentes en latín.**

Para lo que nos interesa, podemos definir la yod como un sonido similar a *i* cuando le sigue inmediatamente otra vocal en la misma sílaba, como en español *violeta* {bio.lé.ta}, pero no en *quería* {ke.rí.a} (que tiene un hiato y por tanto *i* no está en la misma sílaba que la siguiente vocal).

En latín clásico solo existía una yod, escrita I normalmente (IUNO); pero, como hicimos con *v* y *u*, también distinguiremos ortográficamente la yod de la *i* pura con *j* e *i* respectivamente: así, JUNO {iú.no}, pero IRA {í.ra}. De la misma forma, tendremos por ejemplo JULIUS {iú.li.us}.

Ya vimos que por tendencia antihiática también podemos tener una yod secundaria (o sea, que no lo era originariamente), como en PUTEU > *potio* (que acabará dando *pozo*, y ahí tenemos ya una de las consecuencias: ¡TE > *ti* acaba como *z*!). Y también hay otros orígenes de yod secundaria que iremos viendo.

Como los efectos de yod sobre muchas consonantes se ven reflejados en los resultados de todas las lenguas romances, damos por supuesto que eran cambios que ya estaban ocurriendo en el propio latín tardovulgar; y, como además tenemos testimonios con fechas, podemos decir que estaban dándose de forma intensa a partir del siglo III d. C. (aunque ya hay rastros en el I).

*¿Y cómo lo sabemos?* Hemos dicho que yod puede transformar consonantes en otros sonidos que no estaban en latín clásico. **Teniendo en cuenta que el alfabeto latino estaba diseñado para representar la pronunciación clásica, si ahora tenemos sonidos nuevos, resulta que nos faltan letras.** ¿Y cómo los escribimos? Ahí ya, sálvese quien pueda: cada uno recurre a lo que mejor le parece que representa el nuevo sonido. Por ejemplo, tenemos escrito IANUARIO como ZANUARIO, en que la *z* debía de estar queriendo representar un sonido similar al de *llover* en pronunciación argentina; o también, TERENSUS en lugar de TERENTIUS, en que la *s* es un pobre intento de representar algo como el inicio de *tsunami*. En los inicios de la escritura en la península ibérica veremos algo similar.

Demasiadas son las penalidades que han pasado muchos estudiantes de Gramática Histórica a causa de los efectos de yod sobre las consonantes, por lo que lo mejor es resumir por ahora con los siguientes cambios tal como debían de ser aproximadamente en latín tardovulgar:

- C + yod (ERICIU 'erizo') > {ch} como en *chorizo*
- G + yod (FAGEA 'haya') > {y} como en *ya*
- T + yod (PUTEU 'pozo') > {ts} como en *tsunami*
- D + yod (HODIE 'hoy') > {y} como en *ya*
- L + yod (PALEA 'paja') > {ʎ} como en *lluvia*
- N + yod (ARANEA 'araña') > {ñ} como en *ñoqui*

Es necesario introducir un nuevo símbolo fonético para representar un sonido que no existía en latín clásico y que —como veremos— está casi desaparecido en español a causa del yeísmo. El símbolo ʎ representa efectivamente la primera consonante de *lluvia* en pronunciación no yeísta, la misma que el catalán *ll* en *gall*, el portugués *lh* en *mulher* o el italiano *gli* en *famiglia*. Fíjate bien en la forma, porque no es una lambda griega (λ), sino una *y* girada 180 grados: y ↔ ʎ , no λ.

Decíamos que no solo de yod vive la lingüística histórica, y es que efectivamente también vamos a tener efectos similares sin que haya yod. ¿Te habías preguntado alguna vez por qué en español es za, ce, ci, zo, zu? Y, de la misma forma, solo ge, gi equivalen a je, ji, mientras que ga, go, gu no son lo mismo que ja, jo, ju. Viene de lo que vamos a ver ahora mismo.

En latín clásico, C es siempre /k/, por lo que CICERO sonaba {kí.ke.ro}; de la misma forma, G es siempre /g/ como en *gato*. Sin embargo, estas dos consonantes también sufrían los cambios vistos un poco más arriba cuando las seguían una E o una I (aunque no fuera yod), como en CENA (actual *cena*) o GEMMA (actual *yema*).

> Es importante no confundir la grafía (la letra) con el sonido que representa *en cada idioma*. Sí, el latín CENA se escribe igual que el español *cena*, pero la ce no representa el mismo sonido: en CENA tenemos {k}, y en *cena*, {z}.

Para terminar con este capítulo, que ya va tocando... había también un origen algo opaco de yod secundaria, esencialmente los grupos consonánticos {k.l}, {k.t}, {k.s} y {g.n}; estos grupos consonánticos, a su vez, podían ser primarios (ya estaban ahí en latín clásico) o secundarios. Los grupos consonánticos secundarios son los que aparecen tras una síncopa vocálica, como en oculu {ó.ku.lu} > oclo {ók.lo}: desaparece una vocal entre dos consonantes (síncopa) y ahora esas dos consonantes quedan en contacto.

¿Y dónde está la yod? Fíjate en la división silábica. Probablemente, tú *oclo* lo pronunciarías {ó.klo}; pero, tras una síncopa vocálica en latín, la estructura silábica resultaba inestable: {ók.lo}. Cuando la inestabilidad la causaba una {k} o una {g} que quedaba al final de la sílaba, tendía a resolverse convirtiendo la consonante en una yod: {ói.lo}. Y ahora esa yod secundaria, a su vez, transformaba la consonante en contacto y a menudo desaparecía a continuación: {ó.ʎo}.

Los resultados eran los siguientes:

- CL (OCULU 'ojo') > {ói.lo} > {ʎ} como en *lluvia*
- CT (NOCTE 'noche') > {nói.te} > {ch} como en *chorizo*
- X /KS/ (AXE 'eje') > {ái.se} > {sh} como en inglés *show*
- GN (SIGNALE 'señal') > {sei.ná.le} > {ñ} como en *ñoqui*

Con esto terminamos este capítulo sobre el efecto de yod sobre las consonantes en latín tardovulgar, fenómeno conocido como palatalización. Es un tema complejo que he tratado de simplificar al máximo, pero que de ninguna forma podíamos saltarnos, pues es justo aquí donde aparecen o empiezan a aparecer muchos sonidos inexistentes en latín clásico, pero muy característicos de las lenguas romances.

Eso sí, la yod aún no ha terminado de hacer de las suyas, pues aún quedan por ver sus efectos sobre las vocales...

## *La evolución fonética es como una fábrica de choricillos*

Este fue el símil que usó el primer profesor que me habló de lingüística histórica, y es muy cierto. Básicamente, una palabra va viajando a través de los siglos desde su étimo latino, y en un primer paso sufre un cambio; en un segundo paso, el resultado del primer cambio sufre otro cambio; en un tercer paso, el resultado del segundo cambio (que incluye también el del primero) sufre un tercer cambio; y así hasta que llegamos a la forma actual.

En lingüística histórica es frecuente hablar de cronología, pero nos encontramos con el problema de que es difícil decir cuándo exactamente ocurrió un cambio específico (cronología absoluta). En cambio, sí **podemos saber qué cambios ocurrieron antes y qué cambios ocurrieron después (cronología relativa)**. Lo normal es conocer la cronología relativa de un cambio respecto a otros, y dar un abanico de varios siglos en cuanto a su cronología absoluta.

Si la evolución fonética funciona como una fábrica de choricillos, realmente lo que más nos importa es la cronología relativa, ya que el orden de los factores altera el producto. Para hacer un choricillo, no podemos poner primero las especias, envolverlas con la piel y por último poner arriba la carne: hace falta seguir unos pasos en un orden concreto. Lo mismo ocurre en la evolución fonética. Luego lo vemos fácil con un ejemplo.

El último gran cambio fonético que nos queda por ver en este periodo previo a las lenguas romances es el conocido como procesos de lenición. Como lenición es sinónimo de debilitamiento, estos procesos —en plural— no son más que los cambios por los que muchas consonantes latinas van a debilitarse de diversas formas, según la naturaleza de cada una.

Cuando vimos la ley de Grimm, dijimos que se trata de una serie de cambios en cadena, ya que el primer cambio va forzando el siguiente para evitar que los resultados del primer cambio coincidan con sonidos originarios. Es eso lo que vamos a tener en parte en los procesos de lenición.

Es probable que te hayas fijado en que a menudo tenemos una *d* donde en latín tenemos una T; y lo mismo con *b* desde P; y con *g* a partir de C. Así, tenemos VITA > *vida*, CAPRA > *cabra* y FICU > *higo*. Por cierto, la regla mnemotécnica es PETACA > *BoDeGa*.

| Consonante latina | Pe | Ta | Ca |
|---|---|---|---|
| Resultado | *Bo* | *De* | *Ga* |

Aunque estemos viendo los procesos de lenición en esta etapa en que los cambios son por lo general panromances (continúan en las lenguas romances), es probable que sepas que en italiano tenemos p. ej. *vita*, no *vida*. Esto es curioso, porque efectivamente los procesos de lenición suelen dar resultados en las lenguas de la península ibérica y la actual Francia, mientras que no suelen darlos en Italia y Rumanía. Sea como fuere, prosigamos centrándonos ya en los resultados españoles.

Acabamos de ver los cambios PETACA > *bodega*, conocidos técnicamente como *sonorización de oclusivas sordas intervocálicas*. Este es uno de los tres procesos de lenición, que ocurre de forma simultánea a este otro: las consonantes geminadas (dobles) se simplifican, como en VACCA > *vaca*.

Hay un par de excepciones a la conocida como *degeminación*: NN y LL no se simplifican, sino que pasan a {ñ} y {ʎ} respectivamente (de ahí, ANNU > *año* y CABALLU > *caballo*). Curiosamente, el gallegoportugués es una excepción a esta excepción, pues NN y LL sí que se simplifican: de ahí, *ano* y *cabalo/cavalo*. Estas son sus *n* y *l* intervocálicas patrimoniales, ya que N y L originarias ¡desaparecen! en gallegoportugués: LUNA > *lua* y VOLARE > *voar*.

Por último, nos queda otro proceso que ocurre más tarde: la desaparición de algunas *b/v*, *d*, *g* intervocálicas; aquí cabe aclarar que este proceso es relativamente caprichoso, y a veces tenemos la pérdida (TIBI > *ti*; VIDERE > medieval *veer* > *ver;* LEGERE > *leer*) y a veces no, mientras que el francés es una lengua extrema que elimina muchas que conserva el español, como en VITA > *vida*, pero francés *vie*, o AMICA > *amiga*, pero francés *amie*.

¿Por qué podemos saber que los dos primeros ocurren básicamente a la vez, mientras que el tercero ocurre más tarde? Empecemos por los dos primeros: podemos saber que ocurren simultáneamente porque los resultados de uno no pasan a la «siguiente fase» en los resultados del otro. Por ejemplo, tenemos el latín *cŭppa* (que evolucionará a copa) y *cūpa* (que evolucionará a cuba). Si *cŭppa* se hubiera simplificado primero en *cŭpa*, este *cŭpa* aún habría tenido tiempo de llegar a la siguiente fase de la fábrica de choricillios y sonorizarse en *cŭba, y habríamos tenido el español *coba.

En cambio, sí que podemos saber que la eliminación es el último de los procesos porque no distingue p. ej. *d* procedente de D primaria o de sonorización de T. Si este proceso hubiera sido el primero, no podría haber eliminado la *d* procedente de T, porque entonces seguiría siendo *t*, y *t* no se pierde. Por poner un ejemplo —que además demuestra que esta regla sigue bastante vigente en español ¡después de tantos siglos!—, de AMATU tenemos *amado*, que es muy frecuente pronunciar {a.má.o}.

Volvemos de nuevo a los choricillos y la importancia de la cronología relativa. Ya en el propio latín de tiempos de César y Augusto se daban síncopas vocálicas (este se burlaba de su tío adoptivo por decir el tradicional *calidus* en lugar del más moderno *caldus*, de donde nuestro caldo calentito o directamente el italiano *caldo* 'caliente, cálido'); estas síncopas en latín ocurrían prácticamente solo cuando la vocal átona estaba en contacto con *l* o *r*. Podemos llamarla primera tanda de síncopa.

Unos siglos más tarde habrá una *segunda tanda de síncopa* en muchos otros contextos, no limitados al contacto con L o R. Por ejemplo, tenemos MANICA > *manga*. Además de por el contexto fónico, podemos saber por cronología relativa que esta síncopa pertenece a la segunda tanda. ¿Cómo?

A partir de los datos lingüísticos, sabemos que la cronología relativa es la siguiente:

1. primera tanda de síncopa
2. procesos de lenición
3. segunda tanda de síncopa

Recordemos, además, que la sonorización ocurre solo entre vocales (o entre una vocal y R o L, como en CAPRA > *cabra* o PATRE > *padre*); así, CATENA > *cadena.*

Si MANICA hubiera sufrido la síncopa en la primera tanda, habríamos tenido **manca*; ahora la *c* no está en posición intervocálica, por lo que no puede sonorizar. Dado que tenemos el étimo MANICA y el resultado *manga*, que demuestra que hay tanto síncopa como sonorización, es necesario que la evolución sea la siguiente: MANICA > *maneca* > *manega* > *manga*; o sea, primero hay sonorización mientras C está aún entre vocales, y solo entonces se pierde la vocal, en la segunda tanda.

¡La importancia de la cronología relativa! Acabamos de ver, como habíamos adelantado, que el orden de los factores altera el producto. Y, por supuesto, hay que tener presente que la cronología relativa afecta a cada uno de los procesos evolutivos, ¡no solo a las tandas de síncopa y la lenición!

## *¿Qué se hablaba en Hispania antes de que llegaran los romanos?*

Con los procesos de lenición hemos llegado hasta los primeros siglos de la Edad Media. Sin embargo, ahora hemos de viajar en el tiempo al siglo III a. C., momento en que llegan los romanos a la península ibérica para frenar la expansión cartaginesa durante la segunda guerra púnica. Aunque inicialmente arribaran con motivos puramente militares, podemos decir que el 218 a. C. fue el año en que comienza la romanización (y latinización) de la península. Ahora bien, ¿qué lenguas se hablaban cuando los romanos plantaron allí sus sandalias?

En el momento de la llegada de los romanos, la península ibérica y las islas Baleares (a partir de ahora, para simplificar, *Hispania*) no estaban ni mucho menos unificadas etnolingüísticamente (ni, por supuesto, políticamente). De hecho, había territorios habitados por pueblos de origen indoeuropeo (que hablaban lenguas indoeuropeas), pero también había pueblos (y sus lenguas) no indoeuropeos.

Además de las lenguas autóctonas (también conocidas como *paleohispánicas*), en Hispania se podía oír algo de griego e incluso de fenopúnico (que, desde el punto de vista etimológico, es una redundancia, como ya hemos visto). Se trataba esencialmente de mercaderes y otra gente que estaba allí para hacer negocio, por lo que sus lenguas tuvieron poco impacto en el latín de Hispania. Eso sí, como los fenicios fueron de los primeros en llegar (estaban en la actual Málaga al menos desde el siglo IX a. C.), pusieron algunos topónimos: el de la propia Málaga (el latín MALACA procede del fenopúnico *mlk'*) y quizá el de la propia Hispania (de donde evoluciona *España*). Poco más, de nuestro interés.

Entre las lenguas paleohispánicas, podemos mencionar cinco: dos indoeuropeas, el celtíbero y el lusitano, y tres no indoeuropeas, el ibérico, el vasco y el tartesio-turdetano, del que se sabe muy poco. De todas estas lenguas, la única que ha sobrevivido hasta hoy es el vasco o euskera. No sabemos mucho del vasco de hace más de veinte siglos, pero podemos suponer que era al menos tan distinto del actual como lo es el latín del español.

Aunque solo se haya conservado el vasco, eso no quiere decir que las demás lenguas desaparecieran absolutamente, pues de hecho llegaron a dejar algunos rasgos en el latín de Hispania y, por tanto, con el paso del tiempo, en el español y otras lenguas peninsulares.

Hay una especie de chiste-meme entre los historiadores y arqueólogos: si encuentras una estatua o artefacto antiguo y no eres capaz de dilucidar cuál era su función, entonces «es que probablemente tenía una función ritual». Prácticamente lo mismo pasa en lingüística histórica **cuando no puede explicarse convincentemente un determinado rasgo o evolución: «probablemente es debido a *hechos de sustrato*»**. Aunque el concepto de *sustrato* es absolutamente válido y algunos rasgos se le atribuyen sin duda, se tiende a abusar de él ante la imposibilidad de dar una explicación, como si de una especie de comodín o cajón de sastre se tratara.

Comprendamos, antes de seguir, cómo debía de ser la convivencia de los romanos con los pueblos paleohispánicos. Sin duda habría violencia ocasional, pero por lo general hemos de entender que —al menos a partir de determinado momento— había convivencia en el sentido más puramente positivo de la palabra. Podemos suponer algo más o menos así: en un primer momento habría bilingüismo, la segunda generación iría abandonando la lengua paleohispánica, y la tercera ya hablaría solo latín. Al fin y al cabo, esto es lo que pasaba a grandes rasgos hasta hace no mucho en Estados Unidos con los inmigrantes hispanoamericanos.

Aunque las lenguas paleohispánicas acabaran abandonadas en esa supuesta tercera generación, en las dos primeras fueron dejando algunos rastros en el latín. Como dedicaremos un capítulo al vasco, nos centraremos en las demás, especialmente en el celtíbero.

Es relativamente famosa la anécdota de que la primera vez que el futuro emperador Adriano habló en el Senado, su latín, lleno de rasgos hispanos, causó las risas de los senadores.

El hecho de sustrato de mayor envergadura es la sonorización vista en los procesos de lenición. Aunque no todos los lingüistas concuerdan, la sonorización de oclusivas sordas intervocálicas se suele atribuir al sustrato celta, no solo en Hispania, sino también fuera de ella. Y es que, efectivamente, **las zonas de sonorización (principalmente, Hispania y la Galia) coinciden en buena medida con las zonas en las que había habido población celta (los celtíberos y los galos)**.

También se ha querido atribuir al sustrato celta el

hecho de que el español forme el plural de sustantivos masculinos en *-os*. Simplificando mucho, el plural de p. ej. AMICUS era AMICI. Como el plural celta era en *-os*, se ha propuesto que *amigos* en lugar de *amici* (como en italiano) sea por el sustrato celta. Sin embargo, como veremos más adelante, el plural en *-os* se explica perfectamente por el propio latín, sin influencias externas.

Lo que sí se atribuye sin duda a sustrato paleohispánico son palabras como *barraca*, *charco*, *galápago*, *manteca* o *braga*, así como sufijos como los que encontramos en *muñeca* y *morueco*, en *hojarasca* y *peñasco*, en *palaciego*, *mujeriego* y *labriego*, e incluso la *esdrujulización* de palabras como *páramo* o *relámpago*.

Un caso posible de esta esdrujulización sustratística es el de *murciélago*. Y esto nos lleva a ver la etimología de la palabra. Bastante más arriba dijimos que el latín MUS, MURIS (étimo MURE) dio el castellano medieval *mur* 'ratón'. Como el murciélago es de aspecto similar a un ratón y antiguamente se creía que era ciego, se creó la palabra *murciego*. Ahora entra en juego la esdrujulización analógica a p. ej. *relámpago*, por la cual *murciego* acabó como *murciégalo*. Sí, efectivamente, *murciégalo* es la forma «más originaria», de la que luego, por metátesis —literalmente, transposición, o sea, cambio de posición de los sonidos—, se creó la forma actualmente mayoritaria *murciélago*. Y, si te lo estabas preguntando, sí, *musa-*

*raña* también viene de MUS, MURIS, y sí, tiene que ver con las arañas, porque se creía que las musarañas eran venenosas.

Algunas palabras de origen propiamente celta (ya fuera celtíbero o desde el galo) son *camisa*, *cabaña* o ¡*cerveza*! Aunque a veces se menciona que la etimología de *salmón* (SALMO, SALMONIS) viene de que es un pez que *salta*, parece que es una de tantas falsas etimologías o etimologías populares; lo más probable es que sea una palabra de origen celta. También lo es *carro*; además, un tipo de carro de dos ruedas era el CARPENTUM, el cual era construido por el CARPENTARIUS, el experto en la fabricación de carros de dos ruedas de origen celta. Por supuesto, de ahí viene nuestro *carpintero*, que ha ampliado su oficio al trabajo de la madera en general.

### *¿Cuánto influyó el vasco en el español?*

Un par de palabros: autoglotónimo y heteroglotónimo. Hacen referencia al nombre de una lengua, respectivamente, en la propia (auto-) lengua y en una lengua ajena (hetero-). Así, el autoglotónimo para la lengua que desde antes de los romanos se hablaba en el territorio del actual País Vasco (y otros como Navarra o el País Vasco francés) es euskera; uno de los heteroglotónimos en español es vasco. De la misma forma, nosotros hablamos de alemán (heteroglotónimo A), los ingleses hablan de German (heteroglotónimo B) y los propios alemanes hablan de Deutsch (autoglotónimo).

El vasco es una de las lenguas paleohispánicas de origen no indoeuropeo y la única que ha perdurado hasta nuestros días. **Tradicionalmente se le ha atribuido al vasco el origen de algunos rasgos característicos del español frente a otras lenguas romances**, es decir: el hecho de que el español tenga características más o menos exclusivas que no tienen otras lenguas romances se ha supuesto que ha sido a causa de su contacto continuado con el vasco.

A menudo se habla de *sustrato vasco*, aunque quizá sería más exacto hablar de *adstrato*. En una relación de sustrato —como vimos especialmente con el celtíbero o el celta en general—, la lengua que está por debajo (*sub-*) acaba desapareciendo, pero deja algunos rasgos en la lengua dominante. En una relación de adstrato hay convivencia y, aunque una de las lenguas sea más fuerte, ninguna de las dos desaparece. Este es el caso con el vasco, que estuvo en contacto desde los comienzos con el dialecto romance de la zona de la actual Burgos, el romance castellano, semilla del español.

Sea como fuere, veamos algunos de los rasgos del español que tradicionalmente se han atribuido a su contacto con el vasco, principalmente fonéticos. Veremos que **en la mayoría de los casos no hay suficientes argumentos irrefutables como para terminar de darlos por buenos (ni por malos)**.

Antes de entrar en harina, es necesario entender el significado de esa frase que quizá hayas leído alguna vez: «Correlación no implica causalidad». De forma simple, podemos decir que correlación es que se den dos hechos aparentemente relacionados; causalidad —¡no *casualidad*, que es lo contrario!— es que uno de los dos hechos cause el otro (que es causado por el uno). O sea, es posible que dos hechos se den, pero que ninguno esté causando el otro: no hay *causalidad*, sino que es *casualidad* que los dos hechos estén aparentemente relacionados.

Un típico ejemplo viene a decir lo siguiente: ¿causan los helados ahogamientos en la playa? Si vemos estadísticas, hay correlación: en verano más gente come helado y más gente se ahoga en la playa. Los dos hechos efectivamente ocurren de forma *correlacionada*. Ahora bien, ¿son los helados los *causantes* de los ahogamientos? No. Es simple cuestión estadística: en verano más gente va a la playa (y por tanto aumenta la probabilidad de ahogamiento), *y además* —no *porque*— en verano también se comen más helados.

Ya hemos visto que el español tiene cinco fonemas vocálicos representados por a, e, i/y, o, u, mientras que muchas lenguas romances como el italiano o el gallego conservan tal cual el sistema del latín tardovulgar, y otras como el catalán, el francés, el rumano o el portugués tienen algunas vocales más. O sea, el español tiene un sistema pentavocálico frente a la mayoría de las demás lenguas romances.

Parece que ya el vasco antiguo tenía también un sistema pentavocálico. De primeras, tenemos un rasgo idéntico en las dos lenguas. ¿Quiere decir eso que el vasco causó esa característica en el antiguo castellano? Es posible, pero no necesariamente probable. Se sabe que *también* el ibérico tenía cinco vocales, y es probable —aunque no confirmado— que el celtíbero y el lusitano *también*. Además, estadísticamente, el mayor porcentaje de las lenguas del mundo tiene *también* cinco vocales.

Según lo dicho, parece apresurado decir que las cinco vocales del español sean por influencia vasca. ¿Será o no será? Difícil demostrar una cosa o la otra. Eso sí, a favor puede decirse que también el aragonés (romance cercano geográficamente al territorio vasco) es otra lengua con solo cinco vocales.

Otro rasgo característico del español —aunque esto realmente es mucho menos exclusivo— es el hecho de que **la R- inicial latina (que era como la de *pero* {r} frente a *perro* {rr}) sea siempre {rr} en español**: *rosa* es {rró.sa}, no {ró.sa}.

El razonamiento para atribuir esto al vasco es demasiado complejo para lo poco convincente que es, pero podemos mencionarlo al menos. Sabemos que en vasco los préstamos latinos que empezaban por R- añaden una vocal protética: *rosa* acaba como *arrosa* (no *arosa*). Parece que alguna relación puede haber. Sin embargo, si acaso, este dato estaría demostrando lo contrario: el vasco no causaría que la *r-* española sea siempre {rr}, porque de hecho el vasco no admitía {r} ni {rr} al principio de palabra (de ahí la necesidad de una vocal protética).

Además, la realización como {rr} procedente de R- latina no es en absoluto exclusiva del español. Si en romances lejanos geográficamente al vasco (y, por tanto, no es posible atribuir ninguna influencia) como el calabrés, el siciliano o el corso (e incluso en buena medida el italiano estándar) tienen la misma realización, es mucho suponer que la del castellano sea por influencia vasca.

También se ha dicho que el betacismo es consecuencia de la influencia vasca. Esto es, directamente, una locura, porque ya vimos que el betacismo es panromance. En todo caso, podríamos hablar no de betacismo, sino del hecho de que el español no tenga /v/. Como también el vasco carece de /v/, ahí tenemos el punto de partida de la afirmación.

En este punto tenemos que tener en cuenta que muchos romances del norte peninsular *también* tienen este rasgo: aragonés, asturiano, gallego, parte del portugués peninsular, dialectos del catalán... ¿El vasco influyó en todos ellos? ¿O todos ellos carecen de /v/ por algún *sustrato paleohispánico norteño*? ¿O el vasco influyó en el castellano, que a su vez influyó en los demás? Es difícil decir una cosa u otra (o ninguna).

Más adelante hablaremos de *b* y *v* en castellano medieval, pero, si tenemos en cuenta que la situación medieval del español continúa *exactamente* la que dejamos en latín tardovulgar... no sé hasta qué punto podemos hablar de influencia vasca en este hecho.

Como veremos, muchas de las palabras que **en español empiezan por *h*- (que, como veremos, se aspiraba en castellano medieval) comenzaban por F- en latín: FARINA > *harina*, FORMICA > *hormiga*. El vasco anti-**

**guo carecía de *f*** (y el actual apenas la usa). ¿Tendrá algo que ver una cosa y la otra?

Es cierto que también hay aspiración en lenguas cercanas a la zona vasca (gascón, asturiano...), pero igualmente la hay en lenguas de zonas alejadas como el sardo o el calabrés, mientras que una lengua cercana al vasco como el aragonés (que por tanto también habría de tener aspiración) conserva su *f-* inicial. Estos son los datos sin más contexto lingüístico.

Ahora, con más contexto. La aspiración del sardo y el calabrés se supone bastante tardía, por lo que parece una evolución independiente (aunque igual) a la que hubo en castellano. Esto inclina la balanza un poco a favor de la influencia vasca. En cuanto al aragonés, es posible que justo el rasgo de retener *f-* inicial cuando se habría esperado una aspiración sea uno de los rasgos conservadores de esta lengua.

Por tanto, es difícil negar o afirmar la influencia vasca en la aspiración (y posterior pérdida) de F- inicial latina, pero sí que podemos conceder que este es uno de los rasgos más probables.

Un rasgo no fonético del que se habla a veces es la **diferencia y distribución de los usos de *ser* y *estar***, uno de los archienemigos de los estudiantes de español como lengua extranjera, pues en la mayoría de las lenguas hay un solo verbo, como *to be* en inglés. ¿Por qué *Estoy en casa*, pero *La fiesta es en mi casa*? Lo veremos en su momento. Lo que nos interesa ahora es la **supuesta relación con el vasco *izan* y *egon*, verbos con usos muy similares.**

En este caso, podemos partir de los siguientes datos: la distribución similar de *ser* y *estar* por un lado e *izan* y *egon* por otro es mucho más marcada en el País Vasco español, mientras que en el País Vasco francés *egon* tiene un significado más bien de 'permanecer'. Además, hemos de tener en cuenta que hay diferencias similares a las de *ser* y *estar* en italiano y otras lenguas romances, en las que es imposible aceptar influencia vasca.

Antes que suponer la influencia de *izan* y *egon* sobre *ser* y *estar*, tendría más sentido suponer que la distribución originaria es la del País Vasco francés (~ 'ser' y 'permanecer'), y que es la del País Vasco español (~ 'ser' y 'estar') la que está, de hecho, influenciada por *ser* y *estar*.

En lo que sí que no cabe duda ninguna es el hecho de que el vasco ha prestado léxico al español. Por ejemplo, *izquierda* procede de *ezker* (*ezkerra*); la palabra de raíz latina *siniestra* quedó bastante estigmatizada por las supersticiones, y de ahí que actualmente *siniestro* se use más para lo funesto y aciago, aunque conserva su sentido pleno originario en expresiones como a diestro y siniestro.

En la Edad Media hubo muchos más vasquismos que en la actualidad, pues muchos fueron perdiéndose. Aun así, siguen conservándose palabras cotidianas como *boina*, *cencerro*, *chatarra* (literalmente, 'lo viejo'), *órdago* (literalmente, 'ahí está')...

Un caso curioso de vasquismo en español es el de *pizarra*, de *lapitzarri*; ahí tenemos la raíz de LAPIS, LAPIDIS 'piedra' (de donde *lapidar* 'matar a pedradas'). Luego, en español se consideró que el comienzo *la-* era el artículo *la*, por lo que se interpretó como *la pizarra*; esto es lo que se conoce como *falso corte*. Es el mismo procedimiento por el que algunos hablantes dicen **andalias*, desde *las sandalias* (si es que, además, ¡sirven para andar!; esto, a su vez, es *falsa etimología* o *etimología popular*). Algunos falsos cortes llegan a triunfar, como el de *pizarra*; otro es el de *bikini* (que recibe su nombre del atolón Bikini), donde se interpretó el comienzo *bi-* con el significado de 'dos' (porque era una prenda de baño de dos partes), y de ahí salieron *trikini*, *monokini* e incluso *burkini*.

## *Los invasores, invadidos*

Los romanos llevaban siglos de trato con los pueblos germánicos, en los que aquellos trataban a estos como a simples bárbaros. Poco a poco, los germanos fueron metiendo más y más la cabeza en más y más territorios del Imperio romano, hasta que, en el caso de Hispania, se metieron hasta la cocina en el siglo v d. C. Esto es lo que en el cole nos cuentan como las invasiones de los bárbaros y variantes.

Sin embargo, hemos de tener en cuenta que lo de *invasión* es sumamente matizable en muchos aspectos. En lo que más nos interesa a nosotros, cabe hacer hincapié en que los visigodos no llegaron, aniquilaron a los hispanos y se adueñaron del territorio. De hecho, la proporción de godos respecto a los hispanorromanos era muy pequeña: los números más extremos hablan hasta de un bárbaro por cada cien hispanorromanos. Eso sí, podemos decir que, a grandes rasgos, los visigodos eran los de la cúspide de la pirámide social, la nobleza, mientras que los hispanorromanos quedaron de pueblo llano.

En este caso, tenemos la última situación de la que nos queda por hablar en estos casos, la de *superestrato*, que es justo la contraria a la de sustrato: **la lengua de los invasores es la que acaba desapareciendo, pues estos asumen la lengua del invadido, aunque, por supuesto, deja sus rastros**. El hecho de que los godos abandonaran su propia lengua se debe a que —como ya nos decían en el cole— eran bárbaros, sí, pero venían bastante romanizados. Como además todas las instituciones hispanas y la propia Iglesia funcionaban con el latín, fue esta lengua la que se impuso sobre la de los invasores.

¿Qué rasgos dejaron las lenguas germánicas de los visigodos antes de desaparecer? Realmente, pocos, básicamente vocabulario. Aquí habría que distinguir las palabras que las lenguas germánicas dejaron en muchas de las lenguas romances y las que dejaron exclusivamente en la península.

En el primer grupo tenemos la palabra *guerra*, de *werra* (inglés *war*), que reemplazó el latín BELLUM. Un caso curioso es el del antiguo *esculca* 'espía', relacionado con el inglés *to skulk* 'merodear, acechar' (literalmente, 'actuar como un zorro'). También *espiar* es un germanismo, de una raíz franca **spehon*, que con ley de Grimm nos lleva hasta el protoindoeuropeo **speḱ-*, de donde el latín SPECTARE 'observar' y por supuesto *espectáculo*.

Una raíz que puede parecer muy española, pero que realmente es germánica, es la de *guisar*, *guiso*, *guisa*... En español hay pocas palabras que empiecen por *gue* o *gui*, y de primeras, como en el caso de *guerra*, podemos sospechar de germanismos que comienzan con *w-*. La raíz que nos ocupa es la que tenemos en inglés *wise* no con el significado de 'sabio' sino con el de '(a la) manera', por ejemplo en *clockwise*, literalmente 'a la manera del reloj', es decir, 'en el sentido de las agujas del reloj'. Efectivamente, en español antiguo era frecuente la palabra *guisa* con el significado que aún se oye en casos como «¿De dónde vienes de esta guisa?», como en *El conde Lucanor*: «fablava el conde Lucanor con Patronio en esta guisa». El verbo *guisar* significaba 'disponer algo de un modo específico', y de ahí el significado más frecuente en la actualidad de 'preparar un guiso', o sea, 'cocinar una comida de una forma específica (normalmente, cociéndola con alguna salsa)'.

Palabras propiamente hispanogodas hay pocas, pero entre ellas están *ropa*, *ganso*, *gavilán* o *espeto*.

Ni que decir tiene que muchas palabras de origen germánico las tenemos en nombres propios como por ejemplo *Alfonso*, *Álvaro*, *Fernando*, *Gonzalo*, *Rodrigo* o *Elvira*.

Igual que se habla de invasión visigoda, se habla de invasión árabe. (Los civilizados romanos no invadieron... casualmente... En fin, no entremos en politiqueos.) Se suele creer que algunos sonidos bastante característicos del español como {j} o {z} son de procedencia árabe, pero no. Salvo algún caso anecdótico, el árabe no tuvo influencia fonética en el español.

En cuanto a la morfología, hay un solo sufijo de origen árabe que sigue siendo productivo. En lingüística, por *productivo* entendemos que no solo sigue existiendo en palabras creadas en su momento, sino que todavía hoy el sufijo puede usarse para crear una nueva palabra. Se trata del sufijo *-í*, principalmente para gentilicios —aunque no solo—, que tenemos en *marroquí*, *alfonsí* e incluso *jabalí* (literalmente 'del monte'). Algunas palabras aparecen con la forma femenina del sufijo, como *alcancía* (literalmente 'la del tesoro'), e incluso con una forma masculina en *-o* que no estaba en árabe, sino que se copió de los masculinos en *-o* romances, como en *barrio* (originario **bárri*, literalmente 'exterior').

Es posible que hayas leído por ahí algo como que **alrededor del 10 % del vocabulario español es de origen árabe, o que se calcula que hay unas cuatro mil**

**palabras de origen árabe en el español** (aunque solo unas mil trescientas aparecen en el diccionario de la RAE). No es una cantidad desdeñable, aunque hay que matizarla: si quitamos derivados y topónimos, el número de palabras de origen árabe *en su época de máximo esplendor* debía más bien de ser de unas dos mil. Y es que, efectivamente, muchos arabismos que nos salen en textos medievales e incluso aún en el Siglo de Oro hoy en día están totalmente desaparecidos del habla común, como *almotacén* ('vigilante del mercado'), *albéitar* ('veterinario') o *trujamán* ('intérprete [entre lenguas]').

Por supuesto, la mayoría de los arabismos son palabras que comienzan con *al-*, que era el artículo árabe, de modo que p. ej. *almuẖádda*, origen de nuestra *almohada*, procede realmente de *al miẖaddah*, en que *al* es el artículo y *miẖaddah* es el sustantivo en sí (por lo que, desde un punto de vista estrictamente etimológico, decir *la almohada* es como decir *la la almohada*). Podemos decir que el artículo incorporado de estos arabismos dejó de ser interpretado como artículo y pasó a ser más bien una especie de prefijo que marcaba su calidad de arabismo.

Aunque la mayoría de los arabismos comiencen por *al-* y la mayoría de las palabras que empiezan por *al-* son arabismos, no todos los arabismos tienen esa primera sílaba, algunas veces por cuestiones fonéticas, como *aceite*, *azúcar* o *asesino*, y otras porque directamente entraron sin artículo, como *gandul*, *jazmín* u *ojalá*. Por cierto, un caso llamativo es *hasta*, pues es raro que una preposición entre de forma aislada en otra lengua.

Para terminar, recuperemos todo lo de la cronología relativa y el periodo de vigencia de los cambios fonéticos. Como muchos arabismos entraron cuando los procesos continuaban activos, sufrieron sonorización de oclusivas intervocálicas de forma exactamente igual que si hubieran sido palabras de origen latino. Por ejemplo, *albóndiga* procede de *albúnduqa* (aceptamos que *q* árabe = *c* latina); como está en posición intervocálica, sonoriza a *g*, igual que en ACUTU > *agudo*.

Podemos ir un paso más allá. Si aceptamos que el español *loco* (y portugués *louco*) proceden del árabe hispánico **láwqa* 'estúpido', vemos que evoluciona exactamente igual que si hubiera sido el latín (inventado) *LAUCU. Vemos el tratamiento del diptongo AU esperable: *o* en español y *ou* en portugués (como AURU > *oro*, *ouro*). Pero hay más: ¿por qué no ha dado **loga*, con sonorización intervocálica? Si en el momento de la sonorización había una wau (la *u* del diptongo) en contacto con la consonante, entonces no sonorizaba, igual que en PAUCU > *poco*, *pouco*. ¡Fantástico!

## ROMANES EUNT DOMUS: *la ruina de la declinación*

Es demasiado famosa la escena de *La vida de Brian* como para que sea necesario explicarla aquí, pero el resumen para lo que nos interesa es que Brian se lía tanto con las declinaciones (y la conjugación) del latín que escribe *Romanes eunt domus* en lugar del correcto *Roma-*

*ni, ite domum* ('romanos, marchaos a casa'). Entonces, como con Brian, hagamos un repaso...

El latín era una lengua con casos y declinaciones. Igual que los verbos se conjugan según la persona, el tiempo, etc., los sustantivos, adjetivos y pronombres (en adelante, de forma colectiva los llamaremos *nombres*) latinos *se declinan* según su función sintáctica en la oración. **El latín tenía seis casos, es decir, cada nombre podía aparecer con terminaciones distintas para marcar si es el sujeto, el objeto directo, el indirecto o cualquier otra función.**

Por ejemplo, en LUCIUS DAT HERBAS ANTONIO, aparecen tres casos distintos: LUCIUS está en nominativo porque es el sujeto, HERBAS está en acusativo porque es el objeto directo, y ANTONIO está en dativo porque es el objeto indirecto: *Lucio da hierbas a Antonio.* Si la transacción fuera al revés, podríamos decir LUCIO DAT HERBAS ANTONIUS: *Antonio da hierbas a Lucio.* No importa el orden de palabras como en inglés o en francés, sino, en este caso, la terminación -US para el sujeto y -O para el objeto indirecto.

Como hemos dicho, había seis casos, que *grosso modo* significa que había seis terminaciones; como hay singular y plural, eso significa que hay que multiplicar por dos: doce terminaciones. Cada nombre puede aparecer potencialmente con doce terminaciones distintas, según su función sintáctica. Así, por ejemplo, MEDICUS, MEDICI puede aparecer en cualquiera de estas formas según sea sujeto, objeto, complemento circunstancial, etcétera:

| | Singular | Plural |
|---|---|---|
| **Nominativo** | MEDICUS | MEDICI |
| **Vocativo** | MEDICE | MEDICI |
| **Acusativo** | MEDICUM | MEDICOS |
| **Genitivo** | MEDICI | MEDICORUM |
| **Dativo** | MEDICO | MEDICIS |
| **Ablativo** | MEDICO | MEDICIS |

Vemos que hay terminaciones casuales que coinciden, por lo que realmente nunca tenemos doce terminaciones distintas; pero esto es, de hecho, peor, como veremos.

Lo que se marcaba principalmente mediante desinencias en latín se marca en español sobre todo con preposiciones; así, MEDICORUM es 'de los médicos', y MEDICO es 'al médico'. Por supuesto, el latín también usaba preposiciones (especialmente para los complementos circunstanciales), pero ya vemos que menos que las lenguas romances.

Había una especie de regla no escrita del latín clásico que era algo así como que, *cuantas menos preposiciones uses, más clásico y elegante y sublime es tu latín.* O sea, si puedes marcar tu sintaxis solo con desinencias, mejor.

Esto, más especialmente en poesía, podía llegar a niveles extremos. Por ejemplo, el complemento circunstancial de dirección en latín clásico usaba alguna preposición como AD (actual *a*): bastante lógico.

Pero en poesía llegó a inventarse el denominado *dativo de dirección* (sin preposición). Atención al razonamiento... El dativo era el caso del objeto indirecto, como en «Doy dinero al niño», donde de alguna forma el dinero «viaja» en dirección al niño. A partir de ahí, los poetas —Virgilio, dicen las malas lenguas— se inventaron usar el dativo para expresar el movimiento literal hacia un lugar físico, como en IT CLAMOR CAELO 'el griterío llega al cielo'.

Sin embargo, en absoluto esto era el caso del latín vulgar, y mucho menos del tardovulgar, en que la tendencia era al mayor uso de preposiciones, pues una preposición marca de forma mucho más clara la función sintáctica, más aún si tenemos en cuenta que muchas desinencias eran compartidas entre varios casos; así, por ejemplo, MEDICI podía ser genitivo singular ('del médico'), nominativo plural (como en 'los médicos curan') o vocativo plural (como en 'médicos, curadme').

Por si fuera poco, algunos casos (especialmente el acusativo y el ablativo) podían marcar muchas funciones sintácticas diferentes. Por ejemplo, el ablativo podía marcar la procedencia ('vengo de casa'), el instrumento ('corto con un cuchillo'), el término de la comparación ('más alto que Marco'), la causa ('lo mataron por envidia')...

Pese a todo, **lo que probablemente fue el mayor clavo en el ataúd fue el desgaste fonético de las desi-**

**nencias**. Conocemos los cuatro cambios más importantes al respecto: la pérdida de la -M final; la confluencia de Ŭ y Ō; la confluencia de Ĭ y Ē; la pérdida de la distinción entre vocales breves y largas. Esto es una gran muestra de cómo la fonética afecta a la morfología, que a su vez afecta a la sintaxis.

Estos grandes cambios se apilan unos sobre otros hasta desdibujar los principales rasgos de las desinencias. La forma MEDICŬM pierde la -M final; si la Ŭ queda como O, la forma MEDICO es exactamente la misma que la que teníamos en el dativo y ablativo, que era MEDICŌ: como ya no hay distinción de cantidad, esa Ō converge con la O procedente de Ŭ.

Como las desinencias se confunden cada vez más, los hablantes necesitan hacer un uso cada vez mayor de las preposiciones (y el orden de palabras, de lo que tenemos el caso más claro en francés) para marcar las funciones sintácticas de cada palabra.

Especialmente el mayor uso de preposiciones es algo característico del latín vulgar en general (no solo tardovulgar), pues ya tenemos en las comedias de Plauto (siglo III a. C.) casos como este: HUNC AD CARNEFICEM DABO 'se lo daré al verdugo', en que 'al verdugo' es el objeto indirecto, que en latín puramente clásico va en dativo sin preposición, pero que Plauto escribe con AD, estructura que es precisamente la que continúa en las lenguas romances.

Aun así, como todo en el cambio lingüístico, la desaparición de los casos no ocurrió de la noche a la mañana. De hecho, se postula aún un sistema bicasual para el latín de los siglos IV y V; del sistema clásico de seis casos, pasamos a dos: un caso llamado recto (descendiente del nominativo) para el sujeto y un caso llamado oblicuo (descendiente del acusativo) para todo lo demás.

Tenemos, por así decirlo y muy a grandes rasgos, tres patrones:

| | **Femeninos** | | **Masculinos** | | **Ambos** | |
|---|---|---|---|---|---|---|
| | **singular** | **plural** | **singular** | **plural** | **singular** | **plural** |
| **Recto** | ROSA | ROSE | ANNOS | ANNI | LEO | LEONES |
| **Oblicuo** | ROSA | ROSAS | ANNO | ANNOS | LEONE | LEONES |

Este sistema bicasual siguió simplificándose hasta llegar a la situación actual (ya vigente en la Edad Media) en que solo hay una forma para el singular y otra forma para el plural. Sin embargo, en francés llegó a sobrevivir hasta el siglo XIII, y en rumano aún hay una especie de sistema bicasual solo para los femeninos, que tienen un caso nominativo-acusativo y otro genitivo-dativo.

Como el caso oblicuo (≈ acusativo) era el más frecuente, es comúnmente aceptado aquello de que los sustantivos y adjetivos de muchas lenguas romances «provienen del acusativo»: es esta la razón por la que los étimos son la forma del acusativo (ya sin -M). La -S del acusativo plural no se pierde, así que, desaparecido definitivamente el sistema casual, nos quedamos con los siguientes resultados:

| Femeninos | | Masculinos | | Ambos | |
|---|---|---|---|---|---|
| singular | plural | singular | plural | singular | plural |
| ROSA(M) | ROSAS | ANNU(M) | ANNOS | LEONE(M) | LEONES |
| *rosa* | *rosas* | *año* | *años* | *león* | *leones* |

A pesar de todo esto, ¡los casos no murieron del todo! Los pronombres personales conservan en buena medida los casos latinos, aunque con algo de truco. Concretamente, podemos hablar de restos de tres casos: el nominativo, el acusativo y el dativo.

Por ejemplo, el pronombre personal de primera persona en latín era EGO, ME y MIHI respectivamente para esos tres casos. De EGO tenemos *yo* tras la pérdida por lenición de G intervocálica y tendencia antihiática: EGO > *eo* > *io* > *yo*. De ME tenemos *me* tal cual, y de MIHI tenemos *mí*.

¿Dónde está el truco? En EGO > *yo* tenemos un antiguo nominativo que sigue actuando como sujeto, pero el uso de *me* y *mí* no corresponde al objeto directo y al indirecto, sino a su uso sin preposición o con preposición: En *¿Me hablas a mí?*, *me* y *a mí* se refieren a lo mismo (es la misma función sintáctica), pero uno va sin preposición, y el otro, con ella.

Incluso el inglés, lengua que ni siquiera marca el plural de los adjetivos y apenas conjuga los verbos, conserva restos de los casos del inglés antiguo (que, al fin y al cabo, era una lengua indoeuropea como el latín, y de ahí le vienen los casos). Para empezar, tenemos el llamado *genitivo sajón*: *Mary's car* 'el coche de Mary'. Pero también vemos una minideclinación en los pronombres, como en *who* (nominativo) para el sujeto, *whom* (acusativo) para el objeto directo y *whose* (genitivo) para el complemento del nombre.

# MEDIEVAL

Comenzamos ahora el apartado más importante y extenso de este libro. En el periodo que va aproximadamente desde el siglo VIII hasta mediados del XV tenemos que hablar de la mayoría de los cambios, respecto tanto al latín como al español actual.

Antes de entrar de lleno, veamos algo de cronología. En este apartado medieval hablaremos de cambios ocurridos a lo largo de tres grandes periodos, en buena medida delimitados por Alfonso X el Sabio, cuya importancia veremos cuando llegue el momento. El primero es el prealfonsí, que incluye el periodo preliterario y las primeras obras con intención literaria, como el *Auto de los Reyes Magos* o el *Cantar de mio Cid*. El segundo es, a grandes rasgos, el siglo XIII, en el que **Alfonso X le da un buen pulido al castellano y básicamente sienta los cimientos para que este romance, en oposición a otros,**

**acabe siendo *el español*.** El tercero llega hasta la segunda mitad del siglo XV, con la lengua bastante preparadita para su viaje al Nuevo Mundo.

Curiosamente, no vamos a poder responder a una pregunta tan sencilla en apariencia como «¿Desde cuándo existe el castellano/español?». Esa pregunta es más o menos lo mismo que esta: «¿Cuándo se deja de hablar latín para empezar a hablar lenguas romances?». A estas alturas del libro, ya deberíamos saber que la evolución de las lenguas es sumamente gradual, un *continuum* si queremos el palabro, por lo que no hay fronteras mínimamente claras. Además, una cosa es la realidad (lo que *hablaba* la gente) y otra cosa es la constancia (necesariamente *escrita*) que nosotros podamos tener; cuando empezamos a tener textos en alguna lengua romance, sin duda esa lengua romance ya llevaba algún que otro siglo hablándose.

Por todo esto, no podemos sino **ir avanzando por la historia y la evolución de la lengua** más o menos desde la misma llegada de los árabes.

## *El castellano, un romance con pocas papeletas para triunfar*

En la historia de la antigua Grecia, suele hablarse de época oscura para abarcar los aproximadamente cuatrocientos años que hay entre el año 1200 a. C. (deja de escribirse griego en el sistema de escritura conocido como lineal B) y el 800 a. C. (vuelve a escribirse griego, ahora ya con el conocido alfabeto griego importado de Fenicia). De forma similar, podemos hablar de siglos oscuros en la península ibérica, entre el VIII y el XI, aunque hemos de tener presente que esta oscuridad se limita a lo romance, pues a lo árabe le iba francamente bien.

La Hispania de los visigodos (y su lengua) era relativamente homogénea, situación que cambió por completo con la tradicionalmente llamada *invasión árabe*. Alguna gente, aún hoy en día, tiene lo árabe-musulmán como enemigo de lo castellano/español-cristiano; sin embargo, **paradójicamente, el castellano le debe su subsistencia y posterior preeminencia a la invasión de 711: si no hubiera sido por ella, lo más probable es que hoy en día no dijéramos que el español tiene su germen en el romance castellano, sino en el romance toledano**, pues Toledo era la capital del reino visigodo. Y esto, por no hablar de cuánta competencia podrían haberle hecho el gallegoportugués desde el noroeste y el catalán desde el noreste. (Aquí hay una especie de bucle espaciotemporal, porque, sin la invasión, es posible que la lengua romance de los visigodos hubiera permanecido relativamente homogénea y ni siquiera tuviéramos que hablar de romances tan diferenciados como el castellano, el catalán, el leonés, el toledano...; en fin, ahí ya entraríamos en la historia ficción.)

Como es bien sabido, la fulminante conquista árabe dejó como núcleo de resistencia romance-cristiana lo que a grandes rasgos es la cornisa cantábrica. Eso no quiere decir que los hispanogodos fueran masacrados en el resto de la península: de hecho, de primeras los árabes se mostraron sumamente tolerantes con ellos, hasta el punto de que pudieron mantener no solo su lengua, sino incluso su religión.

Estamos hablando de los mozárabes, y aquí es importante entender que *no* eran árabes, sino que eran los hispanogodos a los que se les permitió permanecer en territorio árabe. **El idioma de los mozárabes es la primera lengua romance hablada en la península; aunque tradicionalmente se lo ha conocido como *mozárabe*, actualmente se prefiere el nombre más apropiado de *romance andalusí* (o *romandalusí*).** O sea, el romance andalusí es la lengua derivada del latín que hablaban los mozárabes (los hispanogodos que vivían en al-Ándalus, el territorio peninsular dominado por los conquistadores musulmanes).

Muy previsiblemente, el romance andalusí quedó relegado a la vida doméstica de la población mozárabe. Esta es la razón por la que tenemos tan pocos testimonios de este romance (principalmente, las jarchas mozárabes que siempre se mencionan en la asignatura de Lengua), que además, principalmente a causa de la cada vez mayor fuerza del castellano, acabaría cayendo en desuso hacia el siglo XIII.

Como decimos, el romance andalusí fue el primer romance peninsular, y en los testimonios que tenemos podemos ver ya los primeros rastros de evolución de la lengua romance procedente de los visigodos, como diptongaciones y los primeros pasos de cambios como NOCTE, en que la C de final de sílaba comienza a cambiar, probablemente a algo como {nój.te}; una etapa posterior sería la que permanece en el gallegoportugués *noite*, y un paso más lo tenemos en el castellano *noche*.

Hay que tener claro que no es que el latín-romance de los visigodos evolucionara al romance andalusí, y que luego este evolucionara al castellano; más bien, el latín-romance visigodo, al quedar geográficamente desmembrado a causa de la invasión, evolucionó de formas diferentes en diferentes territorios. Aun así, **el español actual conserva algunas palabras con la evolución propia andalusí, no la que habría correspondido según la evolución regular castellana**.

Un ejemplo curioso es el de *Mérida*, procedente de AUGUSTA EMERITA. En español habríamos tenido... **Mierda*: dando por sentada la pérdida de la E- inicial (*Merita*), habríamos tenido sonorización de -T- intervocálica (*Merida*), síncopa de I (*Merda*) y diptongación de Ĕ tónica (**Mierda*). Más allá de la posible aunque indemostrable resistencia de los hablantes a decir que vivían en *Mierda, la actual forma *Mérida* suele explicarse como resultado no castellano, sino mozárabe, pues el topónimo quedó fosilizado en una forma andalusí *Mārida*, que luego se castellanizó a su vez como *Mérida*.

Ya hemos dicho que la invasión resquebrajó la relativa unidad del latín-romance de los visigodos. Podemos suponer una primera división: al sur, el romance andalusí; al norte, una especie de protorromance norteño. Este protorromance norteño fue dividiéndose a su vez, una vez que los hablantes de la resistencia cristiana fueron quedando aislados unos de otros, en los distintos dialectos romances norteños.

Al noroeste, la zona de la actual Galicia quedó relativamente ajena a la influencia árabe. La popularización del Camino de Santiago ayudó a que el romance gallego comenzara su ascenso como lengua de cultura. Mientras tanto, al noreste se fueron mezclando los hispanogodos y mozárabes con las influencias carolingias procedentes de la actual Francia, lo que irá dando forma al catalán, romance peninsular pero bastante influido por lo provenzal.

Entre las actuales Galicia y Cataluña había un territorio dividido en tres grandes franjas principales: de oeste a este son la zona del romance leonés, la zona del romance castellano y la zona del romance aragonés. Dado que los extremos gallego y catalán iban más o menos por su cuenta, lo que más nos incumbe aquí son las tres franjas centrales.

En este libro lo que nos interesa es especialmente la suerte del romance castellano, uno de tantos, como hemos visto. El nombre de Castilla (Castiella, en la Edad Media, con ese diptongo del que hablaremos) procede —previsiblemente— de que era una zona con muchos castillos; eso sí, no los grandes castillos de las películas, sino más bien en su sentido más estrictamente etimológico de 'fortaleza'.

La palabra *castillo* procede del latín CASTELLUM, que era el diminutivo de CASTRUM 'campamento'. Aún hay muchos municipios que incluyen *Castro* en su nombre, como Castro del Río (Córdoba); esto es porque a menudo el nombre les viene por sus inicios como campamento (en principio, provisional) de las legiones romanas. Incluso en inglés hay muchísimos topónimos que incluyen este elemento, normalmente como *-caster* (Lancaster), *-cester* (Gloucester) o *-chester* (Rochester).

El hecho de que hubiera tantos castillos en Castilla se origina en que era una tierra de frontera entre los cristianos del norte en general y los territorios aún musulmanes del sur, o sea, un territorio en constante conflicto y lucha que necesitaba de buenos elementos defensivos. Sería demasiado largo de contar, pero el hecho es que, **por diversas carambolas históricas, Castilla acabó de protagonista principal de la tradicionalmente llamada Reconquista a partir del siglo XI**.

Por supuesto, junto con Castilla, el castellano fue extendiéndose hacia el sur, pero también a lo ancho, en detrimento del leonés y del aragonés. Esto no quiere decir que estos otros romances fueran fagocitados de inmediato: aún en el siglo XIV siguen siendo cultivados profusamente e incluso ejercen su ración de influencia en el castellano. Aun así, es indudable que el romance que comenzó en una pequeña zona algo al norte de la actual Burgos fue abriéndose paso hacia el sur, hacia el este y el oeste, y no dejó absorberse por las demás lenguas por las que estaba rodeado.

Y ahora, tras este rápido vistazo histórico, volvamos a lo filológico.

## *Los primeros textos en «español»*

Permítame el lector el atrevimiento de usar aquí *español* de forma tan anacrónica, pero es que hasta el siglo XII no es especialmente fácil decir si un texto es castellano, o leonés, o riojano... Recuperando la idea de los siglos oscuros, Menéndez Pidal (básicamente, el padre de la filología hispánica moderna) conjetura que fue durante estos siglos de casi nula escritura en romance, especialmente entre el X y el XI, cuando los romances peninsulares norteños comenzaron realmente a diferenciarse unos de otros.

Aun así, no parece que en fecha temprana las diferencias fueran lo suficientemente importantes como para que los propios hablantes fueran conscientes de hablar un romance distinto al de más allá. Podríamos decir que el *español* más primitivo es una especie de mezcla de rasgos de unos dialectos romances con otros, como se ve a menudo en los textos romances anteriores al siglo XII, en que se puede ver un núcleo de un romance lleno de rasgos de otros.

Para poder echar un vistazo al *español* más primitivo, hay que observar los textos iberorromances anteriores al siglo XII, escasos y a menudo híbridos entre un latín más o menos macarrónico y la lengua del día a día; dicho de otra forma, no es fácil saber si muchos de estos textos primitivos están escritos en latín con elementos romances o en un romance latinizado.

Es muy probable que nos suenen del colegio nombres como *Glosas emilianenses* y *Glosas silenses*; algo menos probable es que nos suene la *Nodicia de kesos* (*Noticia de quesos*). Estos tres textos están fechados entre el siglo X y el XII.

De las dos *Glosas*, las de mayor importancia son las emilianenses. Entendamos, en primer lugar, que una glosa es una especie de notita que se escribe en un texto, normalmente al margen o sobre alguna palabra. Pues bien, precisamente eso son estas **glosas: traducciones o aclaraciones romances (la lengua cotidiana de quien escribió esas notitas) sobre un texto escrito en latín (que el glosador ya no era capaz de entender bien, y de ahí la necesidad de añadir notitas)**.

En el caso de las *Glosas emilianenses*, parece que el romance es navarroaragonés con rasgos riojanos; curiosamente, también hay notitas hechas en vasco (de lo que deducimos que el glosador era bilingüe romance-vasco), que son justamente los primeros testimonios de esta lengua. Centrándonos en las notitas romances, tenemos cosas como REDDET glosado con *tornarad* ('tornará, volverá'), QUID AGAS con *ke faras* ('qué harás'), CARACTEREM con *seignale* ('señal'), etc.

Sin embargo, lo más interesante de las *Glosas emilianenses* no son las glosas propiamente dichas, sino el primer texto en *español* con entidad propia, lo que Dámaso Alonso llamó «el primer vagido de la lengua española»:

*Con o aiutorio de nuestro*
*dueno Christo, dueno*
*salbatore, qual dueno*
*get ena honore et qual*
*duenno tienet ela*
*mandatione con o*
*patre con o spiritu sancto*
*en os sieculos de lo sieculos. Facanos Deus Omnipotes*
*tal serbitio fere ke*
*denante ela sua face*
*gaudioso segamus. Amen.*

Con la ayuda de nuestro
señor Cristo, señor
salvador, señor
que está en el honor y
señor que tiene el
mandato con el
Padre con el Espíritu Santo
en los siglos de los siglos.
Háganos Dios omnipotente
hacer tal servicio que
delante de su faz
gozosos seamos. Amén.

Por su parte, la *Nodicia de kesos* es un texto menos romance: ¿es romance —supuestamente asturleonés— algo latinizado, o es un latín sumamente macarrónico y arromanzado?

*Nodicia de kesos que espisit frater Semeno: in labore de fratres in ilo bacelare de cirka Sancte Iuste, kesos V; in ilo alio de apate, II kesos; en que puseron ogano, kesos IIII; in ilo de Kastrelo, I; in ila uinia*

Relación de los quesos que gastó el hermano Jimeno: en el trabajo de los frailes en el viñedo de cerca de San Justo, cinco quesos; en el otro del abad, dos quesos; en el que pusieron este año, cuatro que-

*maiore, II; que lebaron en fosado, II, ad ila tore; que lebaron a Cegia, II, quando la taliaron ila mesa; II que lebaron Leione; [...] alio ke leba de soprino de Gomi [...]; IIII que espiseron quando ilo rege uenit ad Rocola; I qua Salbatore ibi uenit.*

sos; en el de Castrillo, uno; en la viña mayor, dos; que llevaron en fonsado, dos, a la torre; que llevaron a Cea, dos, cuando cortaron la mesa; dos que llevaron a León; [...] otro que lleva el sobrino de Gomi [...]; cuatro que gastaron cuando el rey vino a Rozuela; uno cuando Salvador vino aquí.

Un texto aún más antiguo son los *Cartularios de Valpuesta*, escritos claramente en latín, pero bastante arromanzado. Además de ser quizá del siglo IX, tienen una particularidad: aunque estén escritos en latín, dejan ver rasgos evolutivos específicos del castellano frente a otros iberorromances, como la aspiración de F- latina, por lo que algunos han llegado incluso a decir que son los *Cartularios* los que suponen el primer texto relativo al castellano.

Volviendo a las *Glosas emilianenses*, las conclusiones que podemos sacar es que a grandes rasgos demuestran que en su época (siglo XI) ya hay una clara distinción entre el latín y el romance como dos lenguas totalmente diferenciadas; por supuesto, las diferencias entre romances aún no eran significativas, y así, de hecho, hay algunos filólogos que afirman que predominan los rasgos aragoneses, mientras que otros mencionan el romance navarro o el riojano. La solución de compromiso de muchos filólogos es decir que simplemente es una koiné, o sea, una mezcla de rasgos castellanos, riojanos, aragoneses y algo de navarro.

Lo que en mi opinión es más importante es ver todos los rasgos que permiten **hablar de una lengua propiamente romance, no latín**, aunque por supuesto aún nos encontramos en una fase incipiente.

Si el capítulo anterior fue más histórico, y este ha sido más filológico, en el siguiente empezaremos a meternos en lo más puramente lingüístico: iremos viendo todos esos rasgos que hacen romance a las lenguas romances, que separan al romance del latín.

## *El pronombre* elle *no era inclusivo*

Una de las grandes diferencias entre el latín y las lenguas romances es la existencia de artículos (el, la, un, una...), que simple y llanamente no existían en latín. Así, para decir «El perro muerde a una niña», en latín diríamos *canis puellam mordet*; de hecho, en latín no es posible saber si es un perro, o el perro, o una niña, o la niña... Por supuesto, los artículos romances proceden de palabras latinas, pero en la lengua de los romanos no tenían esas funciones.

Realmente, que el latín no tuviera artículos no es sorprendente, ya que tampoco los tenía el protoindoeuropeo. Muchas lenguas indoeuropeas fueron creando los artículos a lo largo de su historia, mientras que otras lenguas aún no los han creado (por ejemplo, las lenguas eslavas en general: por eso los rusos de las películas dicen cosas como «Quiero ir a parque con perro y amigo»).

Si nos vamos a los comienzos de la literatura occidental, al propio Homero, vemos que el griego de esa época estaba en proceso de crear el artículo definido tal y como estaría ya bien establecido en época clásica (y todavía en el griego actual). Así, vemos que el pronombre demostrativo 'este' a veces aparece con ese significado, pero otras veces simplemente con el significado de 'el'. Tampoco es casualidad que el artículo inglés *the* se parezca a *this* y *that*.

En cuanto al artículo indefinido, es una constante en muchísimas lenguas que surja a partir del numeral uno: así ocurrió en griego, en inglés y por supuesto en las lenguas romances.

En la mayoría de las lenguas romances, incluyendo el castellano, **el artículo definido** se formó a partir de un pronombre demostrativo, concretamente del que significaba 'aquel, aquella, aquello':

- ILLE > *el(le)* > *el*
- ILLA > *(el)la* > *la*
- ILLU > *(el)lo* > *lo*

Realmente, este pronombre latino resultó sumamente productivo, pues de él no solo salió el artículo definido, sino también **los pronombres de tercera persona** (sí, curiosamente, ¡el latín tampoco tenía propiamente pronombres de tercera persona!), como es fácil ver en ese paso intermedio:

- ILLE > *elle*
- ILLA > *ella*
- ILLU > *ello*

Las formas *ella* y *ello* siguen existiendo tal cual, pero **el pronombre *elle* masculino nos ha de llamar la atención**. Como vemos, *elle* es lo que corresponde tal cual desde el latín ILLE, y es lo que vamos a encontrar en la Edad Media, pero ya va a empezar a alternar con una forma intermedia *ell* {éʎ} y con la actual *él*.

Decíamos que *sumamente* productivo porque hay más: el demostrativo latino que significaba 'aquel' permanece en español como **el demostrativo «aquel»**. No es casualidad que se trate básicamente del artículo con una especie de prefijo *aqu-*, relacionado con el latín ECCE {ék.ke} 'he aquí' que tenemos en el famoso *eccehomo* (literalmente, 'he aquí el hombre', tal como presentó Pilatos a Jesús hecho un ídem). O sea, el antiguo demostrativo latino se reforzó con ECCE > *aqu-* para formar el demostrativo español (ya que la forma sin refuerzo se había quedado como artículo definido):

- ECCE ILLE > *aquel*
- ECCE ILLA > *aquella*
- ECCE ILLU > *aquello*
- *(e)la* > *la* ante consonante (p. ej. *la casa, la muger*)
- *el(a)* > *el* ante vocal (p. ej. *el agua, el espada*)

Es probable que te suenen también formas como *aqueste* y *aquese*, que son básicamente los demostrativos *este* y *ese* con el mismo refuerzo. Efectivamente, estas formas también existieron en época medieval y alternaban con las simples sin mayor diferencia de significado. Al contrario que con *aquel* (que necesitaba el refuerzo para distinguirse de *el*), *este* y *ese* no podían confundirse con nada, por lo que el refuerzo era redundante y acabó perdiéndose. En cambio, otras lenguas romances conservaron el refuerzo en todos: italiano *questo, quello*, catalán *aquest, aqueix, aquell*, etc.

Este es un libro de lingüística histórica, no de gramática sincrónica, pero un error bastante frecuente en la actualidad puede resolverse más fácilmente si nos fijamos en los orígenes. Como es bien sabido, decimos el agua, no *la agua, aunque por supuesto agua es un sustantivo femenino y por tanto, en principio, le correspondería el artículo femenino la. **¿Cuál es la explicación de que sea el agua? ¿Por qué usar el artículo masculino para un sustantivo femenino?**

Un poco más arriba dijimos que ILLA pasaba por una supuesta forma intermedia *(el)la* hasta *la*. Eso fue una simplificación que ahora hay que revisar. Realmente, ya nos salió en el texto de las *Glosas emilianenses* una forma *ela* del artículo femenino. Esta forma pudo resolverse de dos formas:

Esta forma pudo resolverse de dos formas:

- *(e)la* > *la* ante consonante (p. ej. *la casa, la muger*)
- *el(a)* > *el* ante vocal (p. ej. *el agua, el espada*)

Nótese que en la Edad Media la forma *el* podía aparecer ante cualquier vocal, no solo ante *a* tónica. Sí es cierto que, ante vocal diferente de *a*, alternaban las formas *el* y *la*, y por eso puede aparecer *la espada* o *el espada*, mientras que lo usual era la forma *el* cuando la siguiente palabra empezaba por *a*. Con el tiempo, el uso de *el* femenino iría restringiéndose cada vez más: desde ir ante cualquier vocal hasta la situación actual en que solo puede ir cuando la siguiente palabra es un sustantivo, ese sustantivo es femenino singular, y ese sustantivo femenino singular comienza por *a*, y esa *a* es tónica.

Entonces, esta es la explicación de que digamos *el agua*, y ahora sabes que no es que ese *el* sea el artículo masculino, sino que es el resto de la antigua forma femenina cuando iba ante vocal.

### *Hablar hemos del futuro*

Hay un chiste de lingüistas bastante friki. ¿Por qué se extinguió el hitita? Porque no tenía futuro. Efectivamente, las antiguas lenguas anatolias no tenían propiamente un tiempo futuro, sino que la futuridad la expresaban como cuando en español decimos cosas del tipo «Mañana voy al campo»: con tiempo presente y alguna palabra que se refiera al futuro, como *mañana*. El protoindoeuropeo no tenía un tiempo futuro, y el hitita que conocemos aún no lo había desarrollado. **Como con los artículos, cada lengua tuvo que desarrollar su propio tiempo futuro.**

La mayoría de los tiempos de la conjugación española desciende de forma bastante evidente de la conjugación latina. Sin embargo, este no es el caso del tiempo futuro. Cuando uno estudia latín, el futuro resulta ser un tiempo sin ningún parecido a lo que hay en español. Para más inri, había dos conjugaciones de futuro totalmente distintas según la conjugación a la que perteneciera cada verbo: un verbo de la primera como AMARE formaba AMABO 'amaré', mientras que un verbo de la cuarta como AUDIRE formaba AUDIAM 'oiré'.

Ambas formas de futuro desaparecieron en las lenguas romances. Sin embargo, quedan un par de fósiles curiosos: *lavabo* (de LAVABO 'yo lavaré') y *placebo* (de PLACEBO 'yo agradaré). Hablando de forma estricta, no son fósiles, sino más bien latinismos bien integrados en la lengua. Se supone que *lavabo* viene de la costumbre de los curas de decir LAVABO INTER INNOCENTES MANUS MEAS ('me lavaré las manos entre los inocentes') mientras hacía lo propio en un recipiente que acabó llamándose *lavabo*. En cuanto a *placebo*, es un tecnicismo latinizante probablemente copiado del inglés, lengua en la que se usaba ya al menos en el siglo XVIII, mientras que la primera aparición que he encontrado en español es de 1976.

Ya a los propios romanos debía de chirriarles que una misma forma terminara en -BO y otra en -AM, por lo que era muy frecuente, en el propio latín, usar formas alternativas para expresar el futuro: formas perifrásticas, es decir, compuestas de un verbo auxiliar y el infinitivo del verbo principal, lo mismo que tenemos en *voy a cantar* (perífrasis de futuro) frente a *cantaré* (futuro de indicativo).

Una de las primeras perífrasis de futuro que encontramos está ya en Plauto (siglo III a. C.), que usa el verbo 'ser' conjugado con el participio de futuro latino. Este participio de futuro es el que encontramos en MORITURI TE SALUTANT 'los que van a morir te saludan', donde MORITURI = 'los que van a morir'; si añadimos el verbo 'ser', tenemos una perífrasis para expresar futuro: MORITURI SUMUS = 'vamos a morir'.

En latín había participios de pasado (los que hay en español), pero también de presente y de futuro. Justamente, es curioso que *presente*, *pasado* y *futuro* sean, respectivamente, restos de participios de presente, pasado y futuro en latín. Fíjate: *pasado* es participio de pasado igual que *amado* o *cantado*; *presente* es participio de presente igual que *asistente* 'el que asiste' o *cantante* 'el que canta'; y *futuro* es participio de futuro igual que hemos visto en MORITURI (singular, MORITURUS), con el mismo sufijo *-tur-* añadido a la raíz *fu-* que encontramos en muchos tiempos del verbo *ser* como *fue, fuimos...*

Sin embargo, si el participio de futuro no sobrevivió en las lenguas romances, esta perífrasis estaba destinada a no perdurar. Son varias las otras perífrasis que triunfarán en las diversas lenguas romances, pero con diferencia la más común es justo la que tenemos en español, catalán, italiano, francés..., del tipo *cantaré*.

Quien esté prestando atención se estará preguntando dónde está la perífrasis, si *cantaré* es una sola palabra... **En *cantaré* lo que tenemos realmente es el infinitivo *cantar* seguido del verbo *haber* conjugado**: *he, has, ha, hemos, h(ab)éis, han*.

Del verbo *haber* nos queda por decir en capítulos futuros, pero adelantemos que en latín el verbo HABERE significaba 'tener', ya sea físicamente o de forma más etérea, como en «Tengo algo que decir»; de este significado posesivo sale uno de obligación o intención: «Tengo que decir algo»; y, naturalmente, de la intención al significado de futuro hay un salto muy corto.

No es casualidad que en el español actual tengamos aún perífrasis con *haber* que expresan obligación, como «Hay que pagar impuestos» e incluso *haber de*, que está a medio camino entre la obligación y el simple significado de futuro: «He de volver a intentarlo».

Es curioso que la perífrasis que dio origen al futuro del tipo *cantaré* fuera poco usada en latín, hasta el punto de que el primer ejemplo que se tiene es tan tardío como el siglo VII. Según una de esas historietas tan del gusto de los historiadores antiguos, cuando el rey persa se negó a entregar la ciudad de Daras, el emperador Justiniano respondió: «¡Darás!».

Aunque actualmente el futuro del tipo *cantaré* está totalmente fusionado a partir de sus dos componentes de la perífrasis latina, todavía **en la Edad Media este proceso de fusión no estaba en absoluto consumado**, hasta el punto de que no solo aparecían las palabras escritas por separado (*cantar he* o *cantar e*), sino que incluso entre ellas podían aparecer pronombres, como en *contar vos lo emos*, es decir, *os lo contaremos*.

Entre las bastantes opciones que había en latín para expresar el futuro, las lenguas romances no eligieron ni el futuro propiamente dicho ni la perífrasis con más papeletas (del tipo AMATURUS SUM 'voy a morir'), sino la que en un principio expresaba mera posesión, luego obligación y finalmente futuridad.

## *Una lengua con aspiraciones*

Uno de los rasgos fonéticos que más distingue al castellano de otras lenguas romances, incluso peninsulares, es que actualmente hay h- donde las demás tienen f-, como en harina, del latín FARINA, que se conserva como *farina*, *fariña* y demás variantes no ya en italiano o francés, sino también en gallego, catalán, aragonés, asturiano...

Antes de seguir con ese cambio de F- a *h*-, hay que aclarar una cuestión importante. A grandes rasgos, **una *h* actual tiene dos orígenes desde el latín**: F-, como estamos viendo (FALCONE > *halcón*), pero también lo que ya era H en latín (HOMINE > *hombre*). Esto es importante porque, aunque hoy en día la *h* de ambos orígenes sean lo mismo (una *h* meramente ortográfica que no se pronuncia), en la Edad Media eran diferentes.

Si los romanos se molestaban en escribir la H, estaba claro que, al menos en un principio, se pronunciaba. Sin embargo, como vimos en las primeras páginas, ya en el siglo I a. C. tendía a perderse en el habla cotidiana. Esto es, nuevamente, un **fenómeno panromance, pues en las lenguas romances la H latina nunca se pronuncia, y a veces ni siquiera se escribe ya**.

En el latín medieval, vamos a tener casos de hipercorrección de esa *h*, que es el origen de dos etimologías bastante curiosas: *aniquilar* y *tiquismiquis*.

No es casualidad que tengamos {k} cuando por ejemplo en inglés tenemos la forma *annihilate*, más cercana a su origen latino, que podríamos expresar como AD-NIHIL-ARE; NIHIL significa 'nada' (de ahí viene *nihilismo*), por lo que el verbo significa 'llevar a la nada'. Parece que había el fetiche de conservar la pronunciación de la H en latín medieval, hasta el punto de exagerarla tanto que llegó a pronunciarse {k} y escribirse como CH. Por eso en español tenemos *aniquilar*, de la forma medieval ANNICHILARE. El mismo razonamiento fonético tenemos en *tiquismiquis*. El pronombre que significaba 'para mí' era MIHI, que llegó a pronunciarse {mí.ki}. El pronombre 'para ti' era TIBI, pero por influencia de MICHI {mí.ki} en latín medieval llegó a ser TICHI {tí.ki}. Por lo visto, en las discusiones que se mantenían en latín aún en la Edad Media, los resabiados interlocutores decían constantemente 'para ti tal, para mí cual', o sea, TICHI, MICHI, y de ahí salió que los TICHIS MICHIS (con plural romance) pasaran a referirse a los argumentos y escrúpulos de nula importancia y, por extensión, a quienes los esgrimen.

Así, por ejemplo, el italiano eliminó de forma general la *h* latina de su ortografía; no así el francés o el español, que suelen conservarla por respeto etimológico, como en *homme* y *hombre*, del latín HOMINE. **Hemos dicho que la no pronunciación de esta H ya ocurría en el propio latín, por lo que es lógico que tampoco se pronunciara en las lenguas romances.** Ahora bien, ¿cómo podemos asegurarnos de que fuera así en época medieval? Tenemos el propio hecho de que no se escribiera; por ejemplo, en la Edad Media era muy frecuente la forma *omne*. También era prácticamente la norma escribir sin *h* el verbo *aver* (de HABERE), y así sigue siendo hoy en día en francés: *avoir*.

Como hemos visto, en francés actual se escribe *homme*, con una *h* que no se pronuncia. Sin embargo, también existe un pronombre *on* para expresiones impersonales de significado como 'se busca'. Literalmente, este *on* es un resto de la forma de nominativo HOMO (mientras que *homme* viene del caso oblicuo HOMINE; ya dijimos que el francés mantuvo la declinación bicasual hasta la Edad Media). Este sustantivo hecho pronombre indefinido sigue siendo de uso muy frecuente en francés; así, *on cherche l'amour* podría traducirse como *se busca el amor*. Tenemos el mismo origen que el *hom* catalán. En la Edad Media, fue usual en muchas lenguas romances, y así también tenemos el castellano *omne* usado de esta forma, aunque finalmente en algunas lenguas acabó por caer en desuso. Es difícil de comprobar, pero parece probable que el uso de 'hombre' como pronombre indefinido fuera copiado por influencia germánica: aún en alemán existe el pronombre *man* usado también de esta forma (mientras que 'hombre' es *Mann*). Más sobre influencia germánica, pronto.

Acabamos de establecer que la *h* latina nunca se pronunció en las lenguas romances. Ahora vamos con lo de la *h* procedente de *f*-. Aún **entre los siglos VIII y X podemos suponer que en castellano la f se pronunciaba como {f}**. A partir de entonces, la *f* pasó a aspirarse como {h}, es decir, a pronunciarse como la *h* de lenguas como el inglés o el alemán.

Ya dijimos que este cambio es uno de los causados con más probabilidad por la influencia vasca. Efectivamente, parece que el cambio empezó por la zona de Cantabria y que fue bajando hacia el sur conforme Castilla avanzaba en la Reconquista.

Quien esté prestando atención se estará preguntando por qué **sigue habiendo tantas palabras que siguen manteniendo la F- latina como *f*, como en *fuerte*, *fiera*, *frío* o *flor*.** Desde luego, una evolución tan importante no podía estar libre de casuística. Por norma general, efectivamente, F- pasó a aspirarse; sin embargo, había excepciones en que se conservaba tal cual. Vayamos comentándolo sobre los ejemplos:

- FORTE > *fuerte*: cuando sigue un diptongo *ue*, se conserva de forma regular (aunque hubo cierta variación con {huér.te}, que aún se mantiene en algunas variedades, e incluso llegó a escribirse como *juerte*).
- FERA > *fiera*: en cambio, con el diptongo *ie*, el resultado está más repartido sin que parezca haber una causa concreta para la conservación o la aspiración; en *fiera* tenemos conservación, mientras que en *hierro* (del latín FERRU) tenemos aspiración en castellano medieval.
- FRIGIDU > *frío*: tenemos conservación generalizada cuando sigue una *r*, ya que de lo contrario habríamos tenido **hrío*, que a ver cómo se pronuncia si no eres escandinavo...

- FLORE > *flor*: este caso tiene truco, ya que es una de las excepciones de conservación de FL-; como veremos, lo esperable sería que este grupo consonántico evolucionase en castellano a LL-, como en FLAMMA > *llama*.

¿Y qué pasa en el caso de palabras como *fibra*, *fondo* o *forma*? Según lo dicho, deberíamos haber tenido *hebra*, *hondo* y *horma*... ¡y de hecho así fue! Del latín FIBRA tenemos la palabra patrimonial *hebra*; *fibra* entró más tarde como cultismo. De FUNDU tenemos la palabra patrimonial *hondo*; *fondo* es una forma semiculta que se introdujo más tarde (es semiculta porque totalmente culta habría sido **fundo*, como en *profundo*). Lo mismo pasa con *horma*, que procede de FORMA 'molde': no en vano la *horma* es la especie de molde con que se fabrican zapatos; la palabra *forma* se introdujo más tarde como cultismo.

Hablando de buenas formas... Ya en latín teníamos el adjetivo FORMOSUS con el significado de 'hermoso'... y es que *hermoso* procede efectivamente de ahí, o sea, que algo (o alguien) hermoso es que está hecho con buenas formas, como si estuviera hecho con un molde. Aquí tenemos uno de los no muy frecuentes casos en castellano en que tenemos un cambio vocálico caprichoso, sin razón aparente: de ahí que no tengamos **hormoso*.

¿Qué más? Hablemos de algo tan hermoso como el queso. En español decimos *queso* cuando otras lenguas romances dicen *formatge*, *fromage* o *formaggio*. El origen de esto es que hemos de partir del étimo latino CASEU FORMATICU, literalmente 'queso enmoldado', porque los quesos se hacían en moldes. Unas lenguas se quedaron con la primera parte, y otras, con la segunda.

Como resumen y conclusión de lo que hemos visto, en la Edad Media vamos a tener lo siguiente:

- La H latina queda perdida definitivamente: no se pronuncia y a menudo tampoco se escribe.
- La F latina pasará a aspirarse, es decir, a pronunciarse como {h} (salvo en los contextos de conservación). Lo veremos en mayor detalle, pero en la Edad Media esta aspiración por lo general aparecerá escrita como *f*, por lo que a simple vista no se sabe si la letra *f* representa una pronunciación {f} o {h}; pero, si en castellano medieval tenemos *f* y actualmente tenemos *h* (que no se pronuncia), entonces de primeras hemos de suponer que esa *f* medieval se pronunciaba como {h}, como en *fablar* (actual *hablar*), que se pronunciaba {ha.blár}.

Como hemos dicho ya, la aspiración de f- es uno de los cambios característicos del castellano frente a otros romances, incluso peninsulares. Por ahora nos quedamos con la aspiración, y ya hablaremos de su completa desaparición en la pronunciación (que no en la ortografía).

## *Un idioma relativamente franco*

Igual que para España se habla de la invasión visigoda, para Francia se habla de la invasión franca, es decir, la del pueblo franco. Por supuesto, el actual nombre de Francia procede de este pueblo germánico, que reemplazó con su propio nombre el topónimo tradicional de la Galia romana.

De forma similar al idioma de los visigodos en la península ibérica, el idioma de los francos en la antigua Galia influyó en el latín de los galorromanos y finalmente acabó siendo reemplazado por las lenguas galorromances que resultaron en el francés, el provenzal, el occitano... Eso sí, el reemplazo fue mucho más lento que en el caso de la lengua de los visigodos: el idioma materno del propio Carlomagno (siglos VIII-IX) era el franco.

Sin embargo, a nosotros nos interesa principalmente la lengua de los siglos XI-XII, que para entonces era ya romance y, simplificando bastante, podemos considerar francés antiguo; también por simplificar, llamaremos *franceses* a sus hablantes. El Camino de Santiago, aunque ya se hacía en el siglo IX, se popularizó sobre todo en el XI. Por raro que pueda parecernos, los peregrinos franceses trajeron consigo una serie de influencias lingüísticas destacables, algunas muy importantes solo en la Edad Media, mientras que otras siguen vigentes.

**El Camino de Santiago propició la que podríamos considerar la primera oleada de extranjerismos en las lenguas iberorromances.** Estos francesismos podían ser de origen latino o de origen germánico. Muchas de las palabras que terminan en *-aje* entraron en esta época, como *homenaje*, *linaje* o *mensaje*; y también muchas otras como *galope*, *batalla*, *dama*, *duque*, *escote*, *cuita*, *deleite* e incluso *bello* y *jardín*.

Es probable que formas medievales como *nasque* (*nació*, catalán *nasqué*) y *visque* (*viví*, catalán *visquí*) sean por esta influencia francesa, al igual que formas de participios en *-udo* y *-uda* como *sabudo*, *entendudo*, *vendudo* o *vençudo*, desaparecidas del español pero que siguen existiendo en catalán (como *viscut, viscuda*) e incluso en italiano (*saputo*, *venduto*). Una teoría dice que la caída en desuso de estos participios en *-udo* podría estar motivada por la influencia peyorativa de palabras insultantes con el mismo final, como *cabezudo*, *barrigudo* o *cornudo*.

Curiosamente —aunque con todo el sentido del mundo—, la palabra *español* es un galicismo (del latín medieval HISPANIOLUS, de donde habríamos tenido **españuelo* con evolución patrimonial). En primer lugar, hay que tener en cuenta que los propios habitantes de la península en esta época no tenían ninguna conciencia de pertenecer a *España*, pues de hecho era este un topónimo usado más bien para referirse a la parte bajo dominación musulmana; pero ni siquiera las áreas cristianas estaban unificadas políticamente, por lo que las personas se consideraban leonesas, castellanas, etc., pero no españolas. Claro, desde fuera es más fácil generalizar y llamar a todos *españoles*, los que viven en la antigua Hispania. Ya en el siglo XIII arraiga la palabra, y así Alfonso X dice en primera persona del plural: «E estos, segund diz Josefo, son los que agora an nombre *iberos*, que somos los españoles».

Desde el punto de vista lingüístico, lo más importante es el fenómeno conocido como **apócope extrema, uno de tantos temas fetiche de los estudiosos de la lingüística histórica del español**. La apócope es la pérdida de algún sonido al final de una palabra, como la forma *primer* respecto a *primero* (de PRIMARIU).

Como volveremos a ver pronto, la apócope por antonomasia en la evolución del castellano es la de la *-e* en ejemplos como AMARE > *amar*, SOLE > *sol* o PANE > *pan*. Esta apócope regular se daba solo cuando la consonante que iba delante era *l*, *r*, *m*, *n*, *d*, *s*, *z*, *ç* y justo delante de esa consonante iba una vocal (o sea, no había grupo consonántico: en *buitre* no hay apócope porque la *r* forma grupo con la *t* de delante). Si esta es la normal, la regular, la que no necesita apellido, le ponemos el apodo de *extrema* a la apócope que ocurría en otros contextos.

La apócope extrema es la que nos da **formas medievales como *nuef* por *nueve*, *noch* por *noche* y *mont* por *monte***. Curiosamente, este fenómeno fue sumamente efímero, prácticamente desde el siglo XII hasta el año 1276 (fecha en que se documenta el último caso). Ya ha habido filólogos que han planteado que fuera una simple moda extranjerizante (como hoy nos pasa con el inglés) que estuviera limitada a la escritura, pero que la gente de a pie no practicara.

Cuando, por motivos históricos, la influencia galorromance (franca) fue decayendo, así fue ocurriendo con la apócope extrema. De hecho, **hay una clara correlación entre el porcentaje de apócopes extremas en una obra y su fecha de composición**; así, por ejemplo, la *Vida de san Millán* de Berceo, compuesta alrededor de 1230, tiene un 55 % de casos, mientras que el *Poema de Fernán González*, de alrededor de 1255, tiene solo un 28 % de casos. Más curioso aún es que el *Libro de Alexandre*, un único poema que tardó varios años en componerse, tiene más apócopes extremas al comienzo (63 %) y menos hacia el final (48 %).

En una definición más laxa, podemos mencionar la costumbre medieval de apocopar pronombres (como en *contával' su fazienda* por *contábale su hacienda*, *lo quel' rogué* por *lo que le rogué* o *elam' dixo* por *ella me dijo*) e incluso verbos (como en *yol' dix'* por *yo le dije*).

Así pues, la vigorosa moda, como suele ocurrir con ellas en cualquier ámbito, duró lo que duró y acabó yéndose tal como vino. Eso sí, de los franceses de esta época seguimos teniendo bastantes palabras de uso frecuente, y entre ellas una tan relevante para nosotros como *español* en lugar de **españuelo*.

## *Lo que nos revela el Cid*

Lo de que el Cid ganara una batalla después de muerto es difícil de creer y más aún de demostrar; lo que sí sabemos a ciencia cierta es que fue un personaje histórico que vivió en la segunda mitad del siglo XI. El Cid en ambas sus caras histórica y legendaria es el protagonista del *Cid* (*Poema* o *Cantar de mio Cid*), un texto de enorme relevancia para el castellano por ser no solo un poema bastante extenso y prácticamente completo, sino especialmente porque **nos da mucha información sobre el romance propiamente castellano más antiguo al que podemos echar mano**.

¿Cómo de antiguo? Es difícil precisarlo, porque tenemos una escalera de fechas que dificulta algo la cuestión. El primer libro que conservamos es del siglo XIV, que es una copia de un manuscrito fechado en 1207 y firmado por un señor llamado Per Abbat (o sea, Pedro Abad). Sin embargo, todo el mundo sabe que el *Cid* es un poema anónimo, por lo que el amigo Per no debió de ser su autor, sino un mero copista, lo que nos lleva a retrasar aún más la fecha del original que copió Per. Aquí es donde los filólogos se dan de tortas, con algunos como Menéndez Pidal afirmando que el poema se compuso tan temprano como alrededor del año 1140, solo unos cuarenta años tras la muerte del Cid.

Los números de las fechas no son importantes, pero sí lo es tener en cuenta todo esto, porque una cosa es lo que hay escrito en la copia del siglo XIV que tenemos, y otra, lo que puede haber debajo de la superficie.

Ya hemos visto que *ŏ* tónica evoluciona regularmente a *ue*, como en FŎCU > *fuego*. Sin embargo, en italiano tenemos *fuoco*, e igualmente en francés antiguo podemos ver que *ŏ* había evolucionado a *uo*. No es descabellado suponer que también en castellano *ŏ* evolucionó primero a *uo* y posteriormente a *ue*. Lo interesante es que es probable que esto podamos verlo en el *Cid*...

En la copia de Per, siempre vamos a tener *ue*, como por ejemplo *Huesca* (de ŎSCA) o *fuerte* (de FŎRTE). Sin embargo, todo apunta a que en el poema en su versión original debía de haber *Huosca* y *fuorte*, y que Per escribió las versiones modernas propias de su época. ¿Cómo podemos saber esto? Quien esté prestando atención lo habrá acertado: ¡por la rima! Veamos estos cuatro versos:

Ya va el mandado por las tierras t**o**d**a**s;
pesando va a los de Monçón e a los de Hu**e**sc**a**;
porque dan parias, plaze a los de Sarag**o**ç**a**
de Myo Çid Ruy Diaz que non temien ninguna f**o**nt**a**.

La rima ha de ser asonante *o-a*: *todas*, *Saragoça*, *fonta*... pero no *Huesca*, de lo que podemos suponer que cuando se compuso el poema aún teníamos *Huosca*, que sí rima con las demás.

La época de composición del poema debía de ser de transición entre *uo* y *ue*. Como suele ocurrir en la evolución lingüística, la transición consiste en una convivencia —de muchos años, incluso siglos— de las dos variantes hasta que la más antigua acaba desapareciendo, dando paso a la nueva. Podríamos reflejarlo de la siguiente manera:

| | | | | | | | |
|---|---|---|---|---|---|---|---|
| uo | uo | uo | uo | uo | uo | uo | ue |
| uo | uo | uo | uo | uo | ue | ue | ue |
| uo | uo | uo | ue | ue | ue | ue | ue |
| uo | ue | ue | ue | ue | ue | ue | ue |

Cada fila en el eje vertical indica «el 25 %» de los hablantes; el eje horizontal va avanzando a través del tiempo (digamos, desde el siglo X hasta el XII).

Una situación similar la tenemos en la conocida como -e paragógica, que es básicamente lo contrario a la apócope extrema: añadir una -e final que nunca debió estar ahí. Ya hemos dicho que un rasgo típico del castellano es la apócope de *-e* en casos como AMARE > *amar*, SOLE > *sol* o PANE > *pan*. También estamos en una época de transición entre la conservación y la apócope de *-e*, por lo que conviven variantes como *pane* y *pan*.

Casi al principio del poema tenemos estos cinco versos:

> Exién lo ver mugieres e uar**o**n**e**s:
> burgeses e burgesas por las finiestras s**o**n,
> plorando de los oios, tanto auyén el dol**o**r.
> De las sus bocas todos dizían una raz**o**n:
> ¡Dios, qué buen vassalo si ouiesse buen senn**o**r!

Aquí hemos de tener rima *o-e*, tal y como vemos en *varones*. Esto nos obliga a suponer que en el poema en su forma original teníamos *dolore*, *razone* y *sennore*, aún sin apócope. Lo más curioso es el caso de *son*, que ha de ser *sone*: ahí tenemos un caso de *-e* paragógica, una *-e* que se inventa el poeta para que encaje la rima. Es un caso diferente al de las otras tres palabras, que conservan la -E latina (DOLORE, RATIONE, SENIORE), pues *son* procede de SUNT, forma de la que nunca podría salir *sone*.

Ahora nos vamos justamente al principio del poema (si aceptamos que el principio que tenemos es el principio real y que no se ha perdido la supuesta primera página):

Delos sos oios tan fuerte mientre lorando

Algo modernizado: «De los sus ojos tan fuertemente llorando». Por cierto, esta aparente redundancia (¿de dónde puede llorar uno sino de los ojos?) no es tal, sino que marcaría que el llanto era puramente *ocular*, *líquido*, pero no iba acompañado de voces ni gestos de pena tan típicos antiguamente como rasgarse las vestiduras, mesarse los cabellos, golpearse los pechos, etc. Pero volvamos a lo lingüístico... Concretamente, a tan solo tres cosas: ese *los sus ojos*, el adverbio *fuerte mientre* y el verbo *lorando*.

Actualmente, el posesivo antepuesto al sustantivo no permite el uso combinado con el artículo, o sea, decimos *sus ojos*; en cambio, el posesivo pospuesto sí requiere el artículo, o sea, tenemos que decir *los ojos suyos*. **Como vemos en *los sus ojos*, en la Edad Media era frecuente el uso combinado de artículo y posesivo antepuestos** (tal como sigue siendo por ejemplo en italiano: *il tuo gatto*). Tenemos aquí otro rasgo que alternaba, pero con particularidades:

| | | | | | |
|---|---|---|---|---|---|
| sus ojos | sus ojos | sus ojos | sus ojos | sus ojos | sus ojos |
| sus ojos | sus ojos | sus ojos | sus ojos | sus ojos | sus ojos |
| sus ojos | sus ojos | sus ojos | sus ojos | sus ojos | sus ojos |
| sus ojos | sus ojos | sus ojos | sus ojos | sus ojos | sus ojos |
| sus ojos | los sus ojos | los sus ojos | sus ojos | sus ojos | sus ojos |
| los sus ojos | los sus ojos | los sus ojos | los sus ojos | sus ojos | sus ojos |
| los sus ojos | los sus ojos | los sus ojos | los sus ojos | los sus ojos | sus ojos |

De forma muy simplificada, vemos varias cosas: en primer lugar, la combinación nunca llegó a ser más frecuente que la forma sin artículo; en segundo lugar, tenemos **algo relativamente inusual: un rasgo crece en su uso (hacia principios del siglo XIV), pero desde ese culmen va cayendo hasta desaparecer (segunda mitad del siglo XV)**.

Y la gran pregunta: ¿había alguna diferencia? No es fácil saberlo, pero parece que era una cuestión principalmente estilística, no tanto de sentido, quizá algo parecido a los actuales *sus ojos* y *los ojos suyos*.

Vamos ahora con *fuerte mientre*, actual fuertemente. Vemos que la formación de **adverbios derivados de adjetivos estaba bien establecida mediante el ¿sufijo? *-mente***; de hecho, esto ya se rastrea desde el latín vulgar. No es casual que los adverbios exijan la forma femenina del adjetivo (decimos francamente, no *francomente), pues originariamente lo que tenemos es un adjetivo que acompaña a *mente*, que es un sustantivo femenino, por lo que el adjetivo ha de concordar también en femenino;

si tenemos en cuenta que *mente* puede significar 'voluntad', lo que tenemos literalmente es algo como 'con voluntad franca', que luego va diluyendo su significado hasta el actual adverbio de modo: 'de manera franca'.

En la Edad Media vamos a encontrar el adverbio escrito separado o junto (que es lo de menos, aunque la forma separada demuestra su origen en dos palabras: adjetivo + sustantivo), así como con diversas variantes del final: *francamente*, *francamiente* y *francamientre*. La forma puramente patrimonial es la segunda, *francamiente*, pues *miente* procede del latín MĔNTE, que diptonga. La variante con *r* posiblemente se deba a la influencia de *(do)mientre(s)*, actual *mientras*.

Que hoy en día tengamos sobre todo *mente*, sin diptongo, se debe a cultismo ya desde finales de la Edad Media. Como suele pasar, la forma patrimonial hace referencia a algo más mundano ('gana, voluntad'), mientras que la culta hace referencia a algo más abstracto ('potencia intelectual del alma', según la RAE). Sí que sigue usándose —aunque no mucho— la forma *miente*, sobre todo en plural, precisamente en expresiones que ya existían en la Edad Media, como *poner mientes*, *parar mientes* o *meter mientes* ('considerar algo pensándolo bien').

Por cierto, si alguna vez te han dicho que no digas *de mientras*... ¡realmente están ignorando el origen y la historia de la palabra! Ya en el *Cid* tenemos la forma *mientra* (sin *-s*), que procede de *mientre*, pero este adverbio no tiene conexión etimológica con la *miente* que hemos visto, sino que procede de *domientre*, del latín DUM INTERIM (literalmente, 'mientras entretanto': ¡vaya redundancia!). Ese comienzo *do-* se confundió con el prefijo *de-*, por lo que salió la forma *demientre*, que a su vez llegó a perder por falso corte el supuesto prefijo *de-*. Con todo esto, tenemos documentadas un montón de variantes: *domientre* y *demientre*, terminados en *-s*, o en *-a*, o en *-as*, juntos, separados, sin *do-* ni *de-*... ¡Coge todos esos factores y combínalos como te plazca para rescatar un adverbio medieval!

Por último, veamos *lorando*. El verbo llorar procede del latín *plorare* (de donde por ejemplo el cultismo deplorable). Ahí vemos la evolución característica castellana del grupo *pl-* inicial en *ll-*, que también vemos en *planu* > llano o *pluvia* > lluvia. Esta evolución es análoga a la de los grupos *cl-* y uno que ya hemos mencionado de pasada: *fl-*.

Otras lenguas romances como el francés o el catalán conservan esos grupos tal cual, mientras que el castellano transforma los tres grupos (PL-, CL- y FL-) en *ll-*, y el gallego lo hace en *ch-* (e igual el portugués, que posteriormente debilitó la pronunciación a {sh}, aunque sigue escribiéndose *ch-*). El caso intermedio entre el castellano y el gallegoportugués (evolución muy grande) por un lado y el francés y el catalán por otro (sin cambio) lo tenemos en italiano, que conserva la primera consonante, pero transforma la L en *i*. Ilustrémoslo con una tabla:

| **latín** | **castellano** | **gallego** | **italiano** | **catalán** |
|---|---|---|---|---|
| PLORARE | *llorar* | *chorar* | *plorare* | *plorar* |
| PLUVIA | *lluvia* | *chuvia* | *pioggia* | *pluja* |
| CLAVE | *llave* | *chave* | *chiave* | *clau* |
| CLAMARE | *llamar* | *chamar* | *chiamare* | *clamar* |
| FLAMMA | *llama* | *chama* | *fiamma* | *flama* |
| FLORE | *flor* | *flor, chor* | *fiore* | *flor* |

Como es la primera vez que viene a cuento, lo aclaramos aquí y ya queda aclarado para el futuro. En tablas como esta y otro tipo de comparaciones parecidas entre lenguas, no se afirma que las palabras de una misma fila *signifiquen* lo mismo en todas las lenguas, sino que simplemente *proceden* de un mismo étimo latino. Por ejemplo, el catalán *clamar* no significa lo mismo que el castellano *llamar*, pero sí proceden ambas palabras del mismo étimo CLAMARE, que es lo que nos importa aquí: ver cuál es el étimo latino y cómo ha evolucionado en distintas lenguas; por supuesto, en español también existe *clamar*, pero se trata de un cultismo, y aquí estamos viendo los resultados patrimoniales.

También es por cultismo que en italiano tengamos *plorare* en lugar del esperado **piorare*; el verbo usual en esta lengua es *piangere*, del latín PLANGERE, que da el español *plañir* (¿semicultismo?) y el sustantivo *llanto* (patrimonial, desde PLANCTU).

El caso de FLORE es el más llamativo. Sí actúa de forma esperada en italiano, pero no en castellano, que tiene conservación como si del catalán se tratase. En gallego tenemos principalmente *flor*, pero también está documentada la forma esperada *chor*, que es uno de esos casos en que la forma patrimonial se percibe más culta que la lingüísticamente culta; es probable que la existencia de *chor* esté motivada por palabras relacionadas como *chorir* ('florecer', desde FLORIRE).

De forma simplificada se suele decir que PL-, FL- y CL- evolucionan a *ll-* en castellano, pero lo cierto es que hay muchos casos de conservación que no tiene sentido justificar por cultismo o semicultismo, como, sin ir más lejos, *flor* o palabras tan cotidianas en época medieval como *plomo* (de PLUMBU) o *plaça* (de PLATEA). Incluso tenemos ocasionalmente resultados algo más anómalos como *l-* en lugar de *ll-*: FLACCIDU > *lacio* o el nombre *Laín* (y el apellido *Laínez*) desde FLAVINU.

También es llamativa la conservación en *plazer* (de PLACERE), que según Corominas-Pascual era el único verbo con ese significado hasta finales de la Edad Media (*agradar* y *gustar* son varios siglos más tardíos que la fecha del *Cid*). A estos lingüistas se les acusa a veces —con mayor o menor razón— de explicaciones *ad hoc* que pueden llegar a ser bastante novelescas, como es el caso. Según ellos, la conservación de PL- en este verbo se debe a que lo usaban sobre todo las clases altas, cuyo gusto «importaba mucho más que el del rústico». Por cierto, a mí se me debe de escapar algo, porque no termino de ver cómo esto explica o deja de explicar la conservación... ¿Estarán sugiriendo que las clases altas eran más cultas? Pero eso se contradice con lo que afirman ellos mismos: que la conservación no tiene nada que ver con que fuera voz culta o semiculta. A mí, que me lo expliquen...

Para terminar, volvamos al verso del *Cid*... ¿Por qué *lorando* en vez de *llorando*? ¿Es que se trata de una evolución como la de *lacio*? No va por ahí. Unas líneas más abajo aparece *plorando*, pero es el único caso: todo el rato aparecen formas como *lorar*, *loran*, *lorava*... También aparecen con *l-* las formas del verbo *llegar* (o sea, aparecen como *legar*), desde PLICARE. Lo más curioso es que sí se escribe *ll* en medio de palabra (*callar*, *cavallo*, *vassallo*, etc.), aunque muy ocasionalmente aparece *cala* por *calla*, *cavalo* por *cavallo* y *vassalo* por *vassallo*.

La explicación debe ir por aquí. El sonido que había en *lorar* debía de ser el mismo que el de *cavallo*; sin embargo, en *cavallo* casi siempre se escribía *-ll-* porque ya había -LL- en latín, mientras que esa grafía *ll* tardó algo más en extenderse a la posición inicial, en la que nunca había habido LL- en latín (en el *Cid* parece que solo hay ¡tres! casos de *ll-* inicial, mientras que hay más de quinientos casos de *ll* en posición no inicial).

En fin, podríamos hacer un libro (y más) solo explicando cosas que fuéramos viendo en el *Cid*, pero vamos a tener que dejarlo aquí...

## *No digáis «vuestra merced»*

En el imaginario colectivo, vuestra merced queda muy medieval o, cuando menos, muy español antiguo; sin embargo, no es ninguna de las dos cosas, pues simplemente no era una forma de tratamiento que se usara en la Edad Media (y, por tanto, no es español antiguo). Si tenemos en cuenta que *usted* es una forma abreviada de *vuestra merced* (por eso puede abreviarse *Vd.*, con uve), obviamente tampoco era de uso en época medieval. Entonces, **¿cómo se trataban deferencialmente, con respeto, en este periodo?**

Vamos a hablar de segundas personas: la del singular (una sola persona) y la del plural (más de una persona). En este caso, no es perogrullada aclarar que singular es una persona y plural son más, como vamos a ver...

En la actualidad, en el español peninsular más extendido (excluimos las islas Canarias y partes de Andalucía), hay una distribución bastante clara y sencilla de las segundas personas no deferenciales: *tú* para el singular y *vosotros, vosotras* para el plural; el trato deferencial se marca con *usted* y *ustedes*. Como digo, bastante claro y sencillo. Sin embargo, en la Edad Media la distribución es bastante diferente desde distintos puntos de vista.

De primeras, podemos decir que la distribución singular-plural es la misma que ya había en latín: *tú* para el singular (del latín TU) y *vos* para el plural (del latín VOS). Ahora bien, todo se complica cuando **en el latín bastante tardío comienza a usarse *vos* para dirigirse a una sola persona, por lo general el emperador**. Aunque no se sabe a ciencia cierta cómo empezó esta costumbre, se suelen dar dos motivos: había dos emperadores simultáneos, por lo que, aunque físicamente se estuviera hablando con uno solo, era como hablar con los dos; pero, sobre todo, porque el uso del plural como símbolo de poder es bastante universal, algo así como que un pez gordo es tan importante que es como si equivaliera a varias personas juntas.

Sea como fuere, el castellano medieval heredará esta distribución del latín tardío. Sin embargo, el uso de *vos* irá extendiéndose desde la cúspide imperial a cada vez más gente de rangos inferiores, hasta que prácticamente a todo el mundo acaba tratándosele de *vos*. Esto nos deja con que **en la Edad Media *vos* se usa siempre para el plural y casi siempre para el singular**.

Ahora bien, el pronombre *tú* queda relegado a casos más o menos concretos que podemos considerar las excepciones. El caso más esperable es el del interlocutor social o jerárquicamente inferior, como cuando un señor se dirige a su vasallo, o entre gente común. Otro caso es el de familiares y allegados más jóvenes (por ejemplo, un padre a su hijo), aunque aquí hay bastante variación. También puede hablarse de *tú* a gente tratada usualmente de *vos* en contextos íntimos o vehementes. El más curioso es el caso de Dios y demás entes divinos: aunque esperaríamos que precisamente se los tratara de la forma más deferencial posible, es probable que se conservara el tuteo por la influencia del TU de las oraciones en latín. Además, y en claro contraste, *tú* también puede usarse como forma explícita de mostrar desprecio por alguien a quien en principio habría que tratar de *vos*, como aparece por ejemplo en el *Cid* con los infantes de Carrión:

> Lengua sin manos, ¿cómo **osas** fablar?
> **Di**, Ferrando, **otorga** esta razón:
> ¿non **te** viene en miente en Valençia lo del león,
> cuando dormía mio Çid y el león se desató?
> Y tú, Ferrando, ¿qué **fizist'** con el pavor?
> **Metístet'** tras el escaño de mio Çid el Campeador:
> **metístet'**, Ferrando, por lo que menos **vales** hoy.

Nótense todas las formas en negrita. Hasta el momento hemos estado diciendo «de *tú*» y «de *vos*» por simplificar, pero «de *tú*» implica no solo el uso del pronombre *tú*, sino de todas las formas asociadas como *te*, el imperativo singular *otorga* (frente a *otorgad*) o los presentes *osas* y *vales* (frente a *osáis* y *valéis*).

Cuando digo *osáis* y *valéis*, estrictamente debería decir *osades* y *valedes*, que son las formas que van a aparecer con frecuencia en la Edad Media como paso intermedio entre el latín y las formas actuales. Efectivamente, un verbo como *amáis* procede de AMATIS. Quienes no se hayan leído lo que va del libro dirían que desaparece la T y ya. ¡No! Con todo lo que sabemos, la evolución es la siguiente: sonorización de -T- intervocálica y paso a *e* de ĭ latina: *amades*. ¡Justo lo que tenemos en época medieval! Esta forma alternará con la más evolucionada *amáis* (con caída de *d* intervocálica y tendencia antihiática), que llegaría a triunfar en la península, mientras que en otras zonas la forma **amáes* acabaría contrayéndose en *amás*, como en el *vos amás* tan característico de Argentina.

Nos quedan varios puntos por aclarar. Si *vos* es la forma neutra para el plural, ¿cómo se trata deferencialmente a una pluralidad? Simplemente, de *vos* también, o sea, que se trata de *vos* por igual a un grupo de nobles o a un grupo de aldeanos. No hay más. Entonces, aquí recalco de forma explícita que en la Edad Media no se usaba *vuestra(s) merced(es)* ni *usted(es)* ni nada de eso: eso es más tarde.

Por otra parte, ¿qué pasa con *vosotros*? Ya hemos visto que en la Edad Media se usaba simplemente *vos*, del latín VOS. Aunque sí que hay algunos casos documentados de *vosotros* en textos medievales (pero nunca en el *Cid*), su uso es prácticamente inexistente hasta el siglo XV. Por supuesto, tenemos el mismo caso con *nosotros*, medieval *nos*, del latín NOS.

No debe ser ningún misterio que **estos pronombres están formados con *nos* y *vos* y el pronombre *otros, otras***; de hecho, inicialmente suelen aparecer separados: *vos otros*, etc. Los pronombres compuestos aparecen en otras lenguas romances, por lo que es posible que ya hubiera de haber algún tipo de germen protorromance: tenemos, por ejemplo, el francés *nous autres* y *vous autres* y el italiano *noialtri* y *voialtri*, con usos bastante restringidos en estos idiomas. En cambio, son lo normal en español y en catalán (*nosaltres* y *vosaltres*), lengua esta última que probablemente influyó en la cada vez mayor adopción de *nosotros* y *vosotros* hasta su triunfo definitivo; esto podemos suponerlo si tenemos en cuenta que en el siglo XV los pronombres compuestos representaban ya alrededor del 90 % en catalán y solo alrededor del 10 % en castellano.

La última aclaración es algo que puede ser una nueva aparente perogrullada, pero no tanto. Ya sabemos que *vos* puede referirse tanto a una persona (singular) como a varias (plural). El verbo que les corresponde a ambos casos es plural; en cambio, el adjetivo que pudiera acompañar será singular o plural según la naturaleza del sujeto:

- *Vos, amigo, sois leal.*
- *Vos, amigos, sois leales.*

Queda por mencionar un punto para el que nos viene de perlas este diminuto fragmento de la *General estoria* de Alfonso X:

Dios vos prueva por saber paladinamientre sil' amades vós de todo coraçón

Sobre la ortografía de *prueva* con uve y *saber* con be hablaremos pronto (aunque puedes ir intuyéndolo con lo ya visto anteriormente). Lo de *paladinamientre* lo tenemos muy fresco, ese *sil'* es un caso de apócope pseudoextrema de lo que hoy sería *si le*, y sobre *amades* ya hemos hablado en este mismo capítulo. (¡Todas las cositas que salen en una línea!). Pero lo que me interesa es el *vos* primero y el *vós* segundo, sin y con tilde respectivamente.

Se trata de una tilde diacrítica como las actuales del *tú* pronombre y el *tu* posesivo o la del *mí* pronombre y el *mi* posesivo. Por supuesto, en estos tiempos no se estilaban las tildes, sino que es cosa del editor. La cuestión es que está muy bien puesta, pues *vós* es pronombre de sujeto (tónico) y *vos* es pronombre de objeto (átono), que en la Edad Media era la forma esperable (del latín vos, igual que el sujeto) y que acabó simplificándose en el actual *os*, variante que ya aparecía en la Edad Media. Esto, por supuesto, nos deja con que de forma estricta también deberíamos escribir *nós* para el sujeto (actual *nosotros*) y *nos* para el objeto (actual *nos*).

Para cerrar el capítulo, este es el momento de hablar de algo que mencionamos al vuelo al principio del libro. Los pronombres que expresan compañía son bastante peculiares en español (y algunos otros romances): conmigo, contigo, consigo... Vemos, por una parte, ese *con-* extrañamente pegado; a continuación, la parte distintiva, el

—digamos— núcleo del pronombre: *-mi-*, *-ti-*, *-si-*; por último, un *-go* sumamente raro.

Todo esto nos viene, cómo no, del latín. En nuestra lengua madre, estos pronombres también eran inusuales, porque la compañía en general se expresaba con la preposición CUM > *con*, como en CUM AMICO 'con un amigo', pero concretamente **en los pronombres tenemos una *posposición enclítica***, o sea, que la preposición no es *pre-* 'por delante', sino *pos-* 'por detrás', y además pegada, con lo que tenemos MECUM, TECUM, SECUM...

Este final evolucionó de forma esperable: sonorización de -C- intervocálica, pérdida de -M final, paso de Ŭ a *o*... Lo que pasó es que la gente dejó de sentir que ese *-go* (procedente de -CUM) tuviera relación alguna con *con*, así que se añadió un nuevo *con-* por delante ¡y listo! Para que luego la gente les tenga tanto miedo a las redundancias... ¡y no paran de usarlas sin darse cuenta!

Ahora bien, ¿qué pasa con los pronombres plurales? En latín teníamos NOBISSCUM y VOBISCUM, y nosotros ahora decimos simplemente *con nosotros* y *con vosotros*. Sin embargo, en la Edad Media tenemos formas relativamente esperables como *connosco* y *convosco* (y muchas variantes como *connusco* y hasta *combusco*), aún en uso en gallego y portugués.

En este capítulo hemos visto muchos detallitos de pronombres que vendrán de perlas a quienes necesiten en alguna ocasión una buena ambientación medieval; pero, si hubiera que quedarse con un solo dato, recuerda: en la Edad Media no se usaban ni *vuestra merced* ni *usted*.

## *Contestastes: la forma que es correcta e incorrecta*

Es relativamente famosa la pifia de Mecano en una de sus canciones, cuya letra decía así: «tú contestastes que no»; esta forma no es normativa, o, si queremos decirlo de forma más directa, es incorrecta. En cambio, un famoso poeta castellano decía cosas como esta: «llevadme junto el mal que me dejastes»; **aunque *contestastes* y *dejastes* parecen esencialmente lo mismo, en realidad no lo son**, pues en el verso de Garcilaso no hay problema morfológico de ningún tipo.

Comencemos hablando de por qué formas como *tú contestastes* son incorrectas, por mucho que sean de uso relativamente frecuente en algunas zonas hispanohablantes, sobre todo en España. Prácticamente todas las formas verbales de segunda persona singular acaban en *-s*: *contestas*, *contestabas*, *contestarás*, *contestarías*, *contestares*... (una excepción importante es el imperativo: *¡contesta!*). Quien dice *tú contestastes* se deja influir por todas esas eses que marcan la segunda persona singular de los verbos... solo que en el pretérito perfecto simple (indefinido, en terminología más antigua) esa *-s* es espuria. Como siempre, tenemos que irnos al latín para verlo.

Hagamos un pequeño viaje por **la evolución de nuestro pretérito perfecto simple desde el original latino**. En nuestra querida lengua, el verbo AMARE se conjugaba así:

| | |
|---|---|
| AMAVI | *amé* |
| AMAVISTI | *amaste* |
| AMAVIT | *amó* |
| AMAVIMUS | *amamos* |
| AMAVISTIS | *amasteis* |
| AMAVERUNT | *amaron* |

Aquí vemos muchas formas que podemos explicar con lo que sabemos. Ya en el propio latín clásico se estaba dando la transición entre formas completas como AMAVERUNT y las reducidas como AMARUNT; de AMARUNT a *amaron* hay poco que añadir. Empecemos justo por ahí: **¿qué pasó con esa sílaba con -V-?**

En el propio latín y también en su evolución a las lenguas romances, una -V- intervocálica podía llegar a desaparecer, como tenemos en RIVU > *río*. En el caso del pretérito perfecto, es probable que todo empezara en los verbos de la cuarta conjugación (p. ej. AUDIRE 'oír'), pues era el contexto fonético perfecto para la pérdida de esa sílaba. Por ejemplo, desde AUDIVISTI se pierde la -V- y nos queda AUDIISTI, y esas dos íes juntas se fusionan, resultando en AUDISTI; la evolución hasta *oíste* podemos explicarla con lo que llevamos aprendido.

En las demás conjugaciones se extiende la pérdida de la sílaba de la -V-, y así desde AMAVISTI llegamos a AMASTI, de donde el español *amaste* sin ninguna complicación.

Sí merecen su propia explicación las formas *amé* y *amó*, que no evolucionan con el mismo razonamiento. En la primera, no se pierde la sílaba completa, sino estrictamente solo la -V-, por lo que tenemos AMAVI >

AMAI (tal cual en italiano, *amai*), y desde aquí ese nuevo diptongo empieza a evolucionar hacia *amei* (tal cual en gallego y portugués, *amei*) y finalmente hasta el castellano *amé*. La tercera persona del singular es aún más peculiar: evoluciona desde AMAVIT y no pierde la -V-, sino la -I-, por lo que tenemos AMAVT, o sea, AMAUT; a partir de aquí, se pierde la -T final y va evolucionando el diptongo: *amou* (tal cual en gallego y portugués) y finalmente castellano (e italiano) *amó*.

Volviendo a las segundas personas, hagamos hincapié en algo importante: la singular era (TU) AMAVISTI, y la plural era (VOS) AMAVISTIS. Como vemos, son iguales, pero el singular va sin -S, que sí tiene el plural. Que la segunda persona singular no tuviera -S era ya una anomalía en latín, pero así eran las cosas y así lo hemos heredado.

Nos vamos al Cid, que nos da mucho apaño para esta etapa del castellano. Prácticamente al principio del poema, una niña de *nuef* años se dirige al Campeador con una fórmula bastante repetida a lo largo de la obra: «en buen ora çinxiestes espada», que podríamos modernizar como **«en buena hora ceñistes espada»**. Ahí vemos esa segunda persona terminada en -s. De primeras, diríamos que estamos ante una -s incorrecta. Sin embargo, recordemos que al Cid se le dirigen de vos, como se confirma por ejemplo cuando la niña dice: «non vos osariemos abrir [...]; en el nuestro mal vós non ganades nada» (o sea, «no os osaríamos abrir [...]; en nuestro mal vos no ganáis nada»).

Más adelante en el cantar, doña Jimena le dice a su marido lo siguiente:

¡Merced, Campeador, en buen ora **cinxiestes** espada,
sacada me **avedes** de muchas vergüenças malas!
Afeme aquí, señor, yo e **vuestras** fijas amas,
con Dios e **convusco** buenas son e criadas.

De nuevo, se confirma que ese *cinxiestes* tiene *-s* por ser forma de vos, como vemos en *avedes* (= *habéis*), *vuestras* y *convusco*.

En cambio, se conjuga como corresponde (sin *-s* y con posible apócope extrema) cuando se habla a alguien de *tú*, como a Dios o a Jesucristo:

Del agua **fezist'** vino, e de la piedra, pan;
**resuçitest'** a Lázaro, ca fue tu voluntad.
A los iudios **te dexeste** prender do dizen monte Caluari.

Si volvemos al verso de Garcilaso, vemos que en sus palabras no tenemos problema, pues su *dejastes* se refiere a vos, como se confirma por el *llevadme* que le precede. Y con esto ya tenemos resuelto el misterio del *contestastes* de Schrödinger, que no es normativo si se refiere a tú, pero que es perfectamente correcto refiriéndose a vos, ya fuera en el trato deferencial antiguo o todavía hoy en algunas variedades voseantes, de las cuales algunas dicen vos cantastes como continuación de la forma deferencial antigua y otras dicen vos cantaste con concordancia *ad sensum*, o sea, con el verbo conjugado en singular porque se está hablando con una sola persona, lo cual ayuda a mantener mejor la coherencia con formas como vos te fuiste.

### *La importancia de Alfonso X en el auge del castellano*

Ya hemos mencionado más de un par de veces al rey Alfonso X, de sobrenombre el Sabio, y no es para menos, porque como mínimo **de forma preliminar podemos reconocerle el ser el estandarizador del castellano**. Dicho de otra forma: el castellano, el español, le debe mucho a la obra protofilológica de este rey.

En 1212 tuvo lugar la decisiva victoria de los reinos cristianos sobre los musulmanes en la famosa batalla de Las Navas de Tolosa. Por estas fechas, León y Castilla eran aún reinos separados; sin embargo, en 1230, el rey de Castilla, Fernando III, padre de nuestro Alfonso X, heredaría León, con lo que se integraron los dos antiguos reinos en la corona de Castilla.

Fernando III, apodado el Santo, fue un rey conquistador que no desaprovechó las debilidades de los musulmanes tras la victoria en Las Navas de Tolosa. Así, recuperó para la causa cristiana gran parte de Andalucía y Murcia, aunque precisamente buena parte de estas conquistas las llevó a cabo su hijo, el futuro Alfonso X, bajo las órdenes de su padre; pero, como el que lleva la corona es el que se lleva la gloria, por lo general se adjudican estas conquistas al padre y no al hijo, que quedó más de sabio y repoblador que de santo y reconquistador.

Pero Alfonso X se vengó a su manera de que su padre se llevara la fama de sus conquistas, pues, cuando él heredó el trono, se llevó él la fama por la cuestión cultural y lingüística, cuyos cimientos había asentado ya Fernando III.

Incluso en la educación secundaria suele mencionarse a Alfonso X y las obras que «escribió», así como la famosa Escuela de traductores de Toledo, en la que se trasladó —tradujo— y compiló gran parte del saber clásico y medieval.

Por supuesto, no es que el rey se sentara en su escritorio a escribir las ingentes obras a su nombre, y ya el propio Alfonso lo dejaba claro:

> El rey faze un libro non por quel' él escriva con sus manos, mas porque compone las razones d'él e las emienda et yegua e endereça e muestra la manera de cómo se deven fazer, e desí escrívelas qui él manda. Peró dezimos por esta razón que el rey faze el libro.

Vemos que el visionario monarca ya era también pionero en la muy española costumbre de mandar hacer frente al realmente hacer.

Como ya hemos dicho, **fue realmente Fernando III el que puso los cimientos a lo de oficializar el romance castellano como la lengua —digamos— oficial de Castilla**. En aquella época, la lengua predominante por escrito era, con muchísima diferencia, el latín. Pero el rey Fernando ya se preocupó por hacer algunos de sus escritos comprensibles incluso para quien no dominara la lengua de los antiguos romanos.

En cualquier caso, a rey muerto, rey puesto, y en 1252 Alfonso tomó la corona de Castilla. Se calcula que en este año el porcentaje de documentos de la cancillería castellano-leonesa escritos en castellano era del 60 %. ¡Y eso fue gracias a Fernando III! Eso sí, **Alfonso X dio continuación a lo que había comenzado su padre y lo llevó más allá**, pues prácticamente todo durante su reinado se escribió en castellano; el latín quedó prácticamente relegado a su papel de *lingua franca* en los escritos dirigidos a reinos no castellanohablantes.

Aquí cabe preguntarse lo siguiente: si Fernando III reinaba sobre Castilla y León (que a su vez incluía el antiguo reino de Galicia), ¿por qué favoreció el castellano sobre el leonés y el gallego? En primer lugar, porque él comenzó sus andaduras monárquicas como rey solo de Castilla; sería varios años más tarde cuando ganaría el reino de León por parte de su padre, el rey de León. En segundo lugar, porque el castellano ya tenía cierta ventaja como lengua de escritura, pues ya llevaba un tiempo siendo empleada en documentos. En tercer lugar, por puros números: ya desde mediados del siglo XII, Castilla era el reino de mayor extensión —por lo que había muchos castellanos hablando castellano en comparación con habitantes de otros territorios donde se hablaran otros romances— y con una economía más poderosa.

No hemos de dejarnos confundir por lo dicho hasta ahora: **aunque el castellano fuera el romance más hablado y llevara ya un tiempo escribiéndose, en esta época era relativamente rudimentario**. Podemos comparar el estado del castellano de la época a cuando los niños cuentan historias con y entonces... y entonces... y entonces... y repiten las mismas palabras una y otra vez en lugar de usar sinónimos: se entiende, pero podría hacerse de forma más elegante.

Esto no era porque los castellanos fueran más brutos que los demás, sino que es bastante normal en las lenguas. ¡Incluso ocurrió en latín! Autores como Cicerón y Lucrecio tuvieron que inventar muchos términos y estructuras y adaptar todo lo que pudieron a partir de la veterana lengua griega, pues se encontraron con que el latín de su tiempo no estaba preparado para hablar de muchas de las sutilezas que ellos iban a tratar.

De la misma forma, el castellano no era una lengua que se hubiera usado hasta el momento para hablar de temas jurídicos, históricos, literarios, científicos... cuestiones que hasta entonces se habían escrito en latín y otras lenguas de cultura. Entre 1217 y 1252 (reinado de Fernando III), se escribió mucho castellano, lo que supuso un buen periodo de práctica, ensayo, elaboración.

Como ya hemos dicho, Alfonso X va más allá. Además de escribir directamente en castellano los documentos cancillerescos, este romance se usaba como lengua intermediaria en la Escuela de traductores de Toledo; o sea, la escuela solía traducir al latín desde lenguas como el árabe, pero a menudo no directamente, sino que en primer lugar alguien traducía del árabe al castellano y en un segundo paso se traducía la traducción castellana al latín. Dicho de otra forma: en la Escuela, el castellano se limitaba a ser una lengua instrumental, de paso, entre la lengua de origen y la meta.

En su afán por hacer del castellano la lengua —digamos— oficial de Castilla, **Alfonso X introducirá un cambio fundamental en la Escuela de traductores: el castellano pasará de lengua intermediaria a lengua meta, es decir, la traducción al castellano será un fin en sí misma**. El rey se lo toma incluso de forma personal, por lo que frecuentemente escribe —o hace escribir— cosas como *don Alfonso mandó fazer*, *Yo, don Alfonso, fiz fazer* o *Nós, don Alfonso, compusiemos*.

Además de las traducciones, la obra alfonsí se compone de libros relativamente originales que podemos dividir en tres grandes áreas de conocimiento: derecho, historia y ciencia (o lo que era ciencia por entonces). **Una de las novedades es empezar a escribir historia en castellano, pues hasta Alfonso X se hacía todo en latín.** Así, tenemos la *Estoria de España* y la *General estoria*, compuestas en castellano como una especie de compilación-traducción de gran parte del conocimiento disponible entonces: autores romanos y escritos en latín en general, textos franceses, árabes y en otras lenguas.

Se había escrito mucho castellano en época de Fernando III, sí, pero se escribió aún más y mejor en la de su hijo, lo que conocemos como **obra o corpus alfonsí**, que nos permite conocer bastante bien el castellano de la época.

Además, tener que escribir tanto de tantos temas desconocidos en romance hasta el momento supuso un desarrollo considerable de la lengua. Todo esto, a su vez, **reforzó, aún más, en una especie de círculo virtuoso, la situación del castellano como lengua «oficial», como una nueva lengua que servía para escribir cosas: cosas cultas**.

Con todo lo dicho, ¿qué hay de la afirmación de que Alfonso X el Sabio fue quien hizo oficial el castellano, quien lo estandarizó? Al fin y al cabo, se habla por ahí de norma lingüística alfonsí, de castellano de época alfonsí; en clase de Gramática Histórica mentamos la ortografía alfonsí y el estadio alfonsí del castellano. A ver, para entendernos, sí.

Sin embargo, **no podemos caer en el error de considerar a este monarca como una especie de proto-RAE cuya misión era limpiar, fijar y dar esplendor a la lengua**. Sí es cierto que el corpus alfonsí goza de una razonable homogeneidad, especialmente en la mencionada *ortografía* alfonsí (más sobre esto, pronto); pero ni es mérito exclusivo de Alfonso X ni la lengua era tan regular, coherente, homogénea y libre de variación como podríamos pensar. Al fin y al cabo, el rey *mandava fazer*, y cada uno de los mandados podía introducir rasgos de sus variedades regionales, dialectales e incluso condicionadas por su formación. Además, se da el caso de que algunas soluciones que parecen predominantes en las obras alfonsíes acabarán desapareciendo, con lo que lo de estandarización va muy cogido con pinzas.

En cualquier caso, vayamos con uno de los mayores logros de la *ortografía alfonsí*, que estaría en vigor con muy pocos cambios hasta la aparición de la RAE en el siglo XVIII.

## *La ortografía alfonsí*

Lo primero en lo que nos fijamos al ver un texto medieval es la multitud de diferencias ortográficas respecto al español actual. Incluso si entendemos con facilidad el texto, la ortografía es claramente distinta en muchos aspectos. **Cuando uno piensa en cómo se escribía en la Edad Media, realmente suele preguntarse por una especie de estándar medieval, que en el caso del castellano podemos decir que llegó con Alfonso X.** Sin embargo, cabe hacer algunas aclaraciones antes de meternos en la ortografía alfonsí.

De forma estricta, no deberíamos hablar de *ortografía* aplicada a los textos alfonsíes, ni medievales, ni aun posteriores. El propio concepto de *ortografía* implica un conjunto de normas o reglas que rigen, regulan, prescriben la escritura de una lengua, y que esas normas son impuestas por alguien con la autoridad para hacerlo. En el caso del castellano-español, esto no ocurrió hasta la fundación de la RAE en el siglo XVIII. Hasta entonces, podemos hablar de usos, costumbres, lo más frecuente, etcétera, pero ya.

También hay que tener en cuenta que las normas de la ortografía y los usos gráficos en general son arbitrarios y convencionales, es decir, que no son naturales u orgánicos, o sea, que, por ejemplo, no hay ninguna razón física para que el sonido {a} se deba escribir con la letra *a* o el sonido {p} con la letra *p*. Esta es también la razón de que un mismo sonido (por ejemplo, {ñ}) se escriba con *ñ* en español pero con *gn* en italiano y francés o con *ny* en catalán.

Para no hacernos más lío del necesario, **nosotros vamos a hablar todo el rato de *ortografía alfonsí* o *medieval* o lo que toque, aunque ya sabemos que no es espe-**

**cialmente exacto por ser anacrónico.** ¿Es que Alfonso X no tenía autoridad para imponer su *ortografía alfonsí*? Probablemente sí, pero él mismo (o, para el caso, alguien de su entorno) nunca se paró a dar una serie de normas fijas y exactas, por lo que lo que nos queda a nosotros como *ortografía alfonsí* es el uso gráfico más frecuente en los textos alfonsíes (y posteriores), o sea, cuál es la correspondencia gráfica, por escrito, de los sonidos (más concretamente, los fonemas). Por tanto, para hablar de ortografía alfonsí —a partir de ahora, sin cursiva, por no repetirnos—, tenemos que ir tratando simultáneamente la fonética medieval y su representación por escrito.

Muchos de los fonemas del castellano medieval son iguales a los del español actual. Sin embargo, hay algunas diferencias muy características que, curiosamente, hacen que el castellano medieval sonara más parecido al portugués, al catalán o al italiano que al español actual. Esto se debe a que el castellano fue perdiendo (o al menos transformando) sonidos medievales, resultado de la evolución más o menos panromance desde el latín, que sí conservaron otras lenguas hermanas.

La explicación más puramente fonética la iremos detallando más adelante. Ahora, limitémonos a tratar sobre la representación gráfica de los sonidos medievales. Y empezamos con una grande: no había letra *ñ*. Sí que existía el sonido {ñ}, pero aún no se representaba mediante la famosa letra. En los textos más primitivos, antes de la relativa regularización alfonsí, este sonido podía aparecer escrito de diversas formas: *tama**ni**a* por *tamaña*, *verg**oi**na* por *vergoña* (o sea, *vergüenza*), *vi**ng**a* e incluso *vi**n**a* por *viña*, *Toro**gn**o* por *Toroño* o *se**nn**or* por *señor*. Será esta última (*nn*) la más extendida en época alfonsí.

En cuanto a la letra *ñ*, no fue un invento propiamente, sino que llegó a conseguir su estatus de letra con todas las de la ley con el tiempo. Antiguamente era muy frecuente usar abreviaturas para ahorrar tiempo, espacio y materiales de escritura. Por ejemplo, la -M final latina solía abreviarse con una virgulilla sobre la vocal anterior: QUAM como *quã*. Este tipo de abreviatura era especialmente frecuente con la *m* o la *n*. Muchas de las actuales {ñ} proceden de la secuencia latina -NN-, como en ANNUS {án.nus} > *año*. Fue justo de estos casos de donde salió la *ñ*: una de las dos enes se abrevia con una virgulilla sobre la otra, lo que da exactamente la *ñ* (puedes pensarlo así: la virgulilla es una *n* pequeñita y aplastada sobre la otra *n*). Tampoco es casualidad que el portugués emplee la virgulilla para marcar las vocales nasales, que proceden justamente de una antigua *m* o *n*, como en *mão*, español *mano*, de MANU.

Otra diferencia importante es la escritura de las **consonantes llamadas sibilantes**, que supondrán una auténtica revolución fonológica en el Siglo de Oro. Es especialmente este punto el que hace que el castellano medieval sonara más parecido a otras lenguas romances.

En la Edad Media aún teníamos seis de estas consonantes, cinco de las cuales ya no están entre nosotros. **La única que conservamos tal cual es la {s}**, que solía aparecer escrita *s* salvo que fuera entre vocales, en cuyo caso debía escribirse *ss*; así, por ejemplo, tenemos *sevillanos* o *aspa*, pero *passo* (que sonaba exactamente igual que el actual *paso*).

¿Y por qué debía escribirse *passo*? Porque una sola *s* entre vocales representaba otro sonido que podemos transcribir como **{*s*} (en cursiva), el del inglés *zoom* o el del catalán o italiano *casa*.** Justamente, en castellano medieval *casa* sonaba exactamente igual que en catalán o italiano. Este sonido {*s*} solo podía aparecer entre vocales, por lo que no hay más casuística.

El tercer sonido era **{sh}, como en inglés *show* o en catalán *caixa*.** Este fonema se escribía con la letra *x* (que en esta época no representaba {ks} como actualmente). Aquí reside la razón de las grafías *México* y *Texas*, que son conservadoras, por más que nosotros pronunciemos con {j}. Ya lo veremos...

Muy parecido, pero más vibrante —igual que {*s*} respecto a {s}—, es el que podemos transcribir como **{*sh*} (en cursiva), el mismo que tenemos en el inglés o francés *beige* o en el catalán *general*.** En castellano antiguo tenía varias grafías: *g* ante *e* o *i* (por tanto, *general*, que sonaba exactamente igual que en catalán) o *i* (o su variante gráfica *j*) ante cualquier vocal; así, el actual *viejo* solía aparecer más bien como *vieio*.

El último par estaba formado por **{ts} y su pareja {*ds*} (en cursiva)**. El primer fonema, el que tenemos en italiano *pizza* o en inglés *cats*, se escribía típicamente con *ç*, pero cuando la vocal siguiente era *e* o *i* podía ser *c*; así, en una misma obra podemos tener *Cid* o *Çid*.

> El origen de la letra *ç*, pese a lo que pudiera parecer, no está en la *c*, sino en la *z*: realmente se trata de una *z* a la que se le añadió una especie de filigrana por encima, que con el tiempo llegó a fagocitar a la propia zeta. Sería algo así: $z^{c} \rightarrow {}_{z}c \rightarrow$ *ç*.

En cuanto a {*ds*}, aparecía escrito de una única forma, con *z*, como por ejemplo en *fazer*. Sin embargo, a final de palabra lo más probable es que fuera {ts}, como en *diez* o *cruz*.

El tema de las sibilantes es importante y complejo, así que de momento lo dejamos aquí, no sin el siguiente esquema a modo de resumen:

| **Transcripción** | **Ortografía** | **Ejemplos** |
|---|---|---|
| s | *s* (*ss* intervocálica) | *ser, mes; osso* |
| *s* | *s* (solo intervocálica) | *casa, oso*<br>(del verbo *osar*) |
| sh | *x* | *xugo, dixe* |
| *sh* | *i, j* (*g* ante *e, i*) | *vieio, paja; gente* |
| ts | *ç* (*c* ante *e, i*) | *lança; Garci* |
| *ds* | *z* | *fazer, azeite* |

Otro gran melón que merece su propio capítulo es, cómo no, el de *b* y *v*, o, mejor dicho, el de {b} y {β}. De momento sí podemos ir mencionando lo básico de su distribución, que en época alfonsí es bastante estable.

**En este periodo, el castellano aún conserva lo que en esencia es el estadio evolutivo del latín tardovulgar, es decir, dos fonemas diferenciados**: /b/ (procedente de B no intervocálica o P intervocálica) y /β/ (procedente de cualquier V o de B intervocálica). Al contrario que en la actualidad, **en la Edad Media estaba bien claro: /b/ se escribía con *b* y /β/ se escribía con *u* (o su variante gráfica *v*)**.

Acabamos de decir que *u* y *v* son variantes gráficas, igual que un poco antes habíamos visto con *i* y *j*; esto quiere decir que en la Edad Media aún no eran letras separadas como hoy en día, sino —me repito— variantes de una misma letra, como hoy en día puede serlo escribir la *z* con o sin un palito cruzado: es la misma letra. Así pues, en los textos medievales podemos encontrar cosas como *uolar* en lugar de *volar* y lo contrario, *vn* por *un*.

Y esto nos lleva a una cosa supercuriosa que nos ha llegado hasta hoy. ¿Te habías planteado por qué *huevo* con *h*, pero *oval* sin ella? ¿Por qué se escribe *oler*, pero *huelo*? ¿Qué pasa con esa *h* que aparece en algunas formas de una misma raíz? El étimo latino es sin esa letra (como se ve en *oval* y *oler*), pero la *h* empezó a escribirse en la Edad Media cuando la ŏ diptongaba.

Imagina, por ejemplo, la grafía *velo*: ¿es el actual *velo* (con consonante) o *uelo* (con diptongo)? Justo porque por la grafía no podía saberse, se tomó la costumbre de escribir una «*h* diacrítica» cuando se trataba de un diptongo, y de ahí las grafías *huevo*, *huelo*, etcétera, con una *h* antietimológica, o sea, que no estaba en latín. Otras palabras son *hueco* (pero *oquedad*), *hueso* (pero *óseo*) y alguna más de poco uso.

Siguiendo con variantes gráficas, tenemos el caso de **la *s* larga o *s* alta, bastante parecida a una *f*, pero sin el palito: *ſ*.** Aquí no tenemos unas reglas fijas de cuándo se usa la alta o la normal, pero la tendencia es que se use la alta casi siempre, y la *s* a final de palabra. Aún en la primera edición del *Quijote* podemos ver en la portada justo eso: «Compueſto por Miguel de Cervantes».

De aquí sale la letra alemana *ß*, que no es una *B* ni una *β* griega, sino una *ſ* seguida de una *s* que acaban fusionándose: *ſs* → *ß*. Si has aprendido algo de alemán, probablemente sepas que justamente *ß* equivale a *ss*, y de ahí la costumbre tradicional de escribir *SS* cuando todo el texto estaba en mayúsculas.

Otra tendencia de implementación bastante inestable era la de escribir una **letra doble a principio de palabra** para tratar de aclarar bien el sonido representado por el dígrafo. Vamos a verlo a partir de este fragmento brevísimo del *Setenario* de Alfonso X: «buena **ff**ama **ss**obre todos los otros rreyes que ouo en Espanna».

Habíamos dicho que la cuestión de *f* y *h* en la Edad Media es algo confusa, ya que de primeras no podemos saber si *f* (especialmente a principio de palabra) representa /f/ o /h/. Para tratar de aclararlo, a veces tenemos la grafía *ff* que supuestamente representa explícitamente que era /f/ (como en *ffama*, actual *fama*). Sin embargo, como esta costumbre no llegó a arraigar, salvo que sí tengamos *ff* (que entonces suponemos que es /f/), seguimos sin poder saber si *f* representa /f/ o /h/. Y, además, sí vamos a encontrar no pocos casos de *ff* donde hemos de suponer que era /h/, como *ffazer* (actual *hacer*). Por tanto, esto ayuda poquísimo.

La cuestión de *ss* y *rr* iniciales responde al deseo de mayor coherencia, de modo que *ss* represente siempre {s}, sin tener que distinguir la posición intervocálica o cualquier otra, y *rr* represente siempre {rr}. Una vez más, esta costumbre no se extendió demasiado, por lo que cayó en desuso más pronto que tarde.

Con esto damos por concluido este pequeño resumen de la ortografía alfonsí, en general bastante uniforme, pero no tanto como a veces se quiere dar a entender, por no hablar de la vigencia efímera de algunas de las soluciones alfonsíes. Vamos ahora a otra cosa divertida: el primitivismo sintáctico del castellano medieval.

## *No es primitivo, sino un poco suelto*

Una cosa que puede chocarnos al leer textos medievales es el uso a nuestros ojos abusivo de la actual conjunción *y* con sus variantes: la más frecuente *e*, también *et*, así como el famoso signo tironiano *&* (que no es sino la ligadura de *et*, llamado así por ser Tirón, el amanuense de Cicerón, quien lo inventó), entre otras como *i* o incluso *hi*. Esto es debido a lo que se ha conocido tradicionalmente como primitivismo sintáctico.

Esto del primitivismo sintáctico es uno de esos conceptos relativamente engañosos, pero en el que no podemos entrar a matizar demasiado. En esencia, se refiere a que **el castellano medieval usaba una sintaxis demasiado primitiva, demasiado básica, demasiado simple: el texto se articulaba con *y... y... y...***, la forma más básica de ir añadiendo información, pues *y* no es otra cosa que un + que permite avanzar a la siguiente idea, incluso si podría haberse usado un nexo que añada matices causales, concesivos, etc., que con *y* no quedan indicados explícitamente, sino que han de deducirse del contexto. Un ejemplo alfonsí:

> Fue a un especiero muy sabio. & demandól' que si tenie fecha alguna poçón mortal que matasse luego. & si non que gela fiziesse. & qu'éll darie por ella lo que quisiesse. & el físico fízolo. & uendiógela. & la poçón era tal que non fallauan uaso que la pudiesse soffrir que non quebrasse con ella. & Antípater fizo una buxeta de fierro. & metió en ella aquella poçón.

Tampoco es casualidad que el segundo nexo (por detrás de *y*) sea el muy añejo *otrosí*, **que podemos entender como '(y) además'**, lo que es básicamente un *y* reforzado. También es frecuente *onde* (del latín UNDE, literalmente 'de donde') con el significado más específico de 'por lo cual' (algo así como 'de donde se sigue la idea de que...').

La consecuencia de este primitivismo sintáctico es que **la sintaxis queda mucho más suelta que con oraciones subordinadas** y demás estructuras más complejas. La cuestión es que esto no era porque la lengua en sí misma fuera más primitiva, sino que puede achacarse —al menos en parte— a una **cuestión estilística: esta sintaxis suelta era lo que se llevaba en la época**, y más concretamente en determinados géneros literarios como la prosa narrativa (mientras que otros géneros eran menos sueltos).

Además de lo ya dicho, algunas construcciones que contribuían a la sintaxis suelta eran las llamadas **construcciones absolutas, esencialmente herederas de los famosos ablativos absolutos del latín** del tipo «Conocida la voluntad de los soldados, César se dirigió a Rímini». El nombre nos da la pista: *absoluto* en su sentido primigenio como participio de ABSOLVERE, o sea, libre de cualquier relación. Vamos a verlo.

Una frase como la citada nos está diciendo dos cosas: que César fue a Rímini y que lo hizo porque/después (al menos dos matices) de que conoció la voluntad de los soldados. Al usar la construcción absoluta, vemos que ni siquiera necesitamos un nexo que marque la relación entre las dos partes, sino que el matiz queda en el aire a interpretación del lector. Las dos informaciones quedan una al lado de la otra sin siquiera necesitar un *y*, pero quedan conectadas por la construcción absoluta de participio («Conocida la voluntad...»).

*La oraçión fecha, la missa acabada la an.*

Hecha la oración, han acabado la misa.

También tenemos las **estructuras correlativas**, que son algo difíciles de explicar, pero bastante fáciles de entender, porque suelen ser siempre las mismas y tienen su propia musiquilla entre las dos partes de la correlación. En unas líneas tenemos varios ejemplos:

> Así commo el ffundir ffaze alinpiar el metal e esclaresçer et **quantas más** vezes lo ffunden **tanto más** es linpio e más ffermoso e pueden los omnes meior obrar d'él e ffazer lo que quieren, otrosí el ssaber **más** es catado e sazonado **tanto más** es apuesto e ssabroso para ayudarsse d'él.

Aquí tenemos, de hecho, correlaciones de dos tipos: la primera comienza con *así como* y continúa con *otrosí* (= *también*); la segunda aparece con dos variantes: *cuantas más ... tanto más* y *más ... tanto más*.

Aunque parece un tipo de correlación, tiene su propio nombre la llamada **catáfora paratáctica**, es decir, la referencia a algo que viene a continuación (catáfora) usando la parataxis (lo contrario a la hipotaxis, o sea, a la subordinación). Se usaba frecuentemente para expresar matices causales, pero podía tener otros.

> E esta unción se deve fazer en siete logares del cuerpo. en los oios et en las oreias & en las narizes & en la boca & en las manos & en los pies & en los lomos alos varones; & a las mugieres en los ombligos. E **por esso** la fazen en estos logares, **porque** son los miembros con que más pecan los omnes.

> Si **lo** fiziéredes, Çid, **lo que avedes fablado**,
> tanto quanto yo biua, seré dend' maravillado.

Pese a todo lo dicho, la sintaxis no siempre iba suelta por la vida, sino que de hecho podía hacer uso de las **oraciones subordinadas**.

En la Edad Media, una de las conjunciones subordinantes más frecuentes —pese a lo cual hoy está desaparecida— es ***ca*, evolución de QUIA, que equivalía al actual *porque*** tanto en latín como en castellano medieval. Este matiz causal fue dispersándose en diversos significados ('que', 'así como', incluso 'pero') y llegó a diluirse hasta un significado mucho más etéreo de simple enlace indeterminado entre dos frases. Aún se usó en el Siglo de Oro, pero ya solo con intencionalidad arcaizante, como Alonso Quijano en el *Quijote*:

> Non fuyan las vuestras mercedes ni teman desaguisado alguno, ca a la orden de caballería que profeso non toca ni atañe facerle a ninguno.

Una conjunción curiosa y también desaparecida es *maguer* **(y variantes), equivalente a la actual *aunque*.** Su etimología se remonta al griego *makári*, cuyo significado es el mismo que en el italiano *magari*, es decir, 'ojalá'; su significado primario era 'dichoso', que es lo que subyace en el nombre propio *Macario*. Por cierto, el eslogan futbolístico «Viva el Betis manque pierda» incluye ese *manque* que, aunque lo parezca, no está relacionado con *maguer*, sino que es un cruce entre *aunque* y *mas que*.

Más peripecia aún tenemos en los complementos de lugar. Para empezar, **encontramos a menudo *o*, procedente de UBI** (se ve más claro en la variante menos frecuente *obe*), **con el significado 'en donde'**; a este *o* se le podía anteponer la preposición *de*, que resultaba en *do* y significaba inicialmente 'de donde'. Por otra parte, tenemos *onde*, del latín UNDE como ya dijimos más arriba, con el significado literal de 'de donde'; se reforzó también con *de*, lo cual resultó en *donde*, en principio con el significado aún de 'de donde'. Finalmente se reorganizaron todas estas variantes de modo que *o* y *do* desaparecieron (aunque aún medio se conservan expresiones como *doquiera*, *por doquier*, etc.) y *donde* acabó englobando todo tipo de lugar según la preposición que se le pusiera delante: *de donde*, *a donde*, *por donde*, *en donde*...

## *El verbo* ser *es muy raro*

¿Por qué será que **en muchas lenguas el verbo *ser* tiende a ser... digamos... raro**? Por ejemplo, en inglés la mayoría de los verbos en presente se conjugan solo añadiendo *-s* a la tercera persona del singular (*I/you/we/they read, he/she/it reads*); en cambio, en el verbo *to be* tenemos diversas formas que ni siquiera se parecen: *I am, you/we/they are, he/she/it is*. Pues en español, de hecho, hay bastantes más rarezas.

Incluso si nos quedamos con el tiempo más genérico, el presente de indicativo, tenemos varias cosas que comentar, pues de las seis formas solo dos son las que esperaríamos (*somos* < SUMUS y *son* < SUNT). Veamos las otras cuatro.

En la **primera persona del singular, del latín SUM**, en castellano medieval tenemos la forma esperada *só*; sin embargo, en la actualidad tenemos *soy*, con esa *-y* que solo aparece —también como rareza— en *soy*, *estoy*, *doy* y *voy* (y *hay*).

¿Y cuál es el origen de esa *-y*? Ya empieza a aparecer en el mismo siglo XIII, pero no será común hasta el XVI. La teoría más extendida es que es el antiguo adverbio *y* (de IBI 'allí', aunque también podría ser de HIC 'aquí'), el mismo que en francés *il y a* y el catalán *hi ha* (compara con el inglés *there is*, prácticamente lo mismo que *hi ha*), que en español se unió por detrás a *ha* (en lugar de por delante como en catalán), lo que dio *hay*. A partir de *hay*, esa *-y* se habría extendido a las otras formas, que en castellano medieval eran *estó* (de STO), *dó* (de DO) y *vó* (de VADO);

esto, además, habría sido causado por la rareza que suponía la existencia de formas de primera persona singular con acentuación aguda (*-ó*). Otra teoría que me parece más fantasiosa e improbable es que podría ser de por ejemplo *só yo* (el verbo y el pronombre), que luego se acortaría como *soy*, etc.

En la segunda y tercera personas del singular **habríamos esperado de forma totalmente regular la misma forma: de ĔS y ĔST habríamos tenido *yes***; pero es razonable que los hablantes forzaran una distinción, como de hecho fue el caso del asturiano y el leonés, que tienen *yes* y *ye* para segunda y tercera persona respectivamente (ahí tenemos el diptongo esperable de Ĕ tónica, que ortográficamente se escribe *ye-* a principio de palabra, como en ĔQUA > *yegua*). Sin embargo, vamos a tener *eres* y *es*. La ausencia del diptongo esperable puede explicarse porque efectivamente los monosílabos del verbo *ser* pueden ser átonos, por lo que no habrían llegado a diptongar. Sin embargo, seguimos teniendo dos rarezas:

- ***eres*** se explica (algo por los pelos, en mi opinión) como forma tomada no del presente, sino del futuro ERIS
- ***es***, una vez aceptado lo dicho sobre la ausencia de diptongación, es la forma esperable desde EST, pero nos quedamos con la rareza de una tercera persona que termina en *-s*

**La segunda persona del plural habría sido *yestes* (de ESTIS)**, análoga al francés *êtes* (por si no lo sabías: el acento circunflejo en francés suele representar una *s* que se perdió). Sin embargo, no tenemos nada de eso, sino el medieval ***sodes***, que evolucionará a *sois* o *sos* con voseo, tal y como vimos en su momento. ¿De dónde sale ese *sodes*? La explicación más extendida es que se debe a una forma propia del latín hispano SUTIS, con la misma raíz que tenemos en SUM, SUMUS y SUNT.

¡Pero aún no hemos terminado! El verbo ser guarda más rarezas. Para empezar, **¡el propio infinitivo es una rareza!** ¡Y también en latín era otro tipo de rareza! Como hemos visto varias veces, los infinitivos en latín terminaban en *-re* (de donde *-r* en español); sin embargo, el infinitivo del verbo 'ser' era ESSE. Esta rareza en la lengua madre se regularizó en latín vulgar, de donde tenemos el italiano *essere* (básicamente, le añadieron el *-re* que aparentemente faltaba, y a correr), con lo que habríamos esperado *eser* en castellano... pero no (y no: *ser* no es ese supuesto *eser* que ha perdido presuntamente la *e-*).

La cuestión es mucho más interesante de lo que pueda parecer. Para verlo mejor, mencionemos primero que en inglés es frecuente utilizar tres verbos para lo que en español se expresa con *ser* o *estar* según el contexto: *to be* 'ser' de forma genérica, *to stand* 'estar de pie' cuando la postura es vertical (p. ej. un armario en el suelo), y *to lie* 'estar tendido' cuando la postura es horizontal (p. ej. un libro en una mesa). Sumamente lógico. En castellano medieval no tenemos la misma distribución, pero sí que se usaba *yazer* (además de con sus significados actuales de acostarse con alguien o expresiones relativas a los muertos) de forma más o menos equivalente a *to lie* en inglés, o sea, como equivalente de *ser-estar* en posición horizontal:

> Es aquella piedra o el arca del testamiento **yaze** entre los dos montes o yazen Moysén & Aarón.

Volviendo al verbo *ser*, **en la Edad Media vamos a tener frecuentemente *seer***, que nos acerca a su etimología, pues el infinitivo y el presente de subjuntivo no proceden del verbo ESSE latino, sino del verbo SEDERE 'estar sentado'. En el infinitivo vemos una evolución análoga a la de VIDERE > *veer* > *ver*. En el subjuntivo, las formas como *sea*, *seas*, etc., proceden de las respectivas formas latinas: SEDEAM > *sediam* (tendencia antihiática) > *seya* (como en RADIU > *rayo*) > *sea*.

Hablar del verbo ser abre multitud de puertas de temas en los que participa el verbo copulativo por excelencia, como la competición de *ser-estar*, la de *ser-haber* (y la de *estar-haber*), la de *haber-tener*, entre otros temas como las construcciones del tipo *somos idos* cuando hoy decimos *hemos ido*. Todo ello lo veremos.

## Haiga *es lingüísticamente irreprochable*

Como cualquiera que esté leyendo este libro sabe, la forma *haiga* por *haya* no es normativa. Aquí hablo de no normativa con más intencionalidad que de costumbre:

me dolería especialmente hablar de incorrección, ya que, como dice el título del capítulo, la forma *haiga* es lingüísticamente irreprochable, por más que en la lengua de hoy sea normativamente negativa.

En primer lugar, hemos de reconocer que ***haya* es no solo la forma normativa, sino además la forma etimológica desde HABEAT**, igual que de RUBEU tenemos *royo* (palabra poco usada fuera de algunas zonas de España, pero que aparece en topónimos como Peñarroya, literalmente 'peña rojiza'; nótese que RUBEUS, de donde también el catalán *roig* o el francés *rouge*, era 'rojizo', aunque de ahí también nos viene *rubio*, es decir, '[de pelo] amarillento').

Dicho esto, lo cierto es que **no siempre la forma que esperamos es la que acaba triunfando** (como hemos visto por ejemplo en el presente del verbo *ser*). Pongamos los siguientes ejemplos: del latín CADO 'caigo' deberíamos tener **cao*, y de TRAHO 'traigo', **trao*. Aquí tenemos hiatos incómodos que van a tener que resolverse, y encontramos durante la Edad Media diversas soluciones tomadas de otros verbos, por ejemplo *cayo* y *trayo* (subjuntivo *caya* y *traya*, por analogía con *haya*):

> Rey, si ondra de grant linnage te a de mover pora fazer placer, fijo só yo del rey Juppiter; o, si te maravillas de cosas estrañas & maravillosas & as sabor de veer las, maravillar te as de las que te yo **trayo**.

Otra solución son formas como *trago*, tal cual aparece en el famoso verso del *Libro de Alexandre*:

Mester **trago** fermoso, non es de joglaría,
mester es sen peccado, ca es de clerezía.

O sea, de TRAHO deberíamos tener **trao*, pero vamos a tener *trayo* y *trago*, aunque finalmente acaba triunfando *traigo* (quizá por evitar la homofonía con *trago* de *tragar*). Es más, una de las preguntas típicas de concursos televisivos y juegos de mesa es la de inquirir por la primera persona del presente del verbo *roer*, que quizá sepas ya que puede ser —tal como aparece en la web de la RAE— *roo*, *royo* y *roigo*. Básicamente lo mismo, pero en *roer* están normativizadas las tres, mientras que en *traer*, solo *traigo*, sin ninguna razón real para el distingo.

Con toda esta información, nos podemos plantear lo siguiente... **Si de TRAHO tenemos la forma etimológicamente espuria *traigo* en lugar de la esperada **trao* o *trayo*, ¿por qué no íbamos a tener *haiga* por *haya*?** Al fin y al cabo, es totalmente lógica la siguiente regla de tres: si *trayo* = *traigo* (y *traya* = *traiga*), entonces *haya* = *haiga*. La respuesta-reflexión la dejaremos para el final del capítulo.

Otra forma que es lingüísticamente irreprochable es *habemos* (normativo *hemos*). Para hablar de esto, remontémonos al latín. No hace falta ser religioso para conocer el famoso *habemus papam!* que indica la elección de un nuevo sumo pontífice y que literalmente significa '¡Tenemos papa!'. Ahí podemos ya intuir que ***habemos* es la evolución regular de HABEMUS**, así como que el verbo 'tener' con el matiz de posesión más o menos genérica era HABERE en latín.

¿De dónde procede, entonces, el verbo *tener*? También del latín, concretamente de TENERE, que tenía significados más específicos que podríamos traducir como *mantener*, *retener*, *sostener*... (claro, ¡no es casual que todos sean compuestos de *tener*!). Esto, por un lado.

Por otro lado, como hemos visto anteriormente, ya **en el propio latín vulgar comenzó a usarse el verbo HABERE como verbo auxiliar**, por ejemplo para el futuro (*amar he* > *amaré*) o los tiempos compuestos (*he escrito*, desde HABEO SCRIPTUM, literalmente 'tengo escrito', o sea, 'tengo escrito ahora porque he escrito en el pasado').

Vemos, pues, que la situación en latín tardovulgar es la de que HABERE puede tener un significado propiamente léxico (posesión) y un significado-uso como verbo auxiliar. Muchas lenguas romances actuales conservan los dos, como por ejemplo el francés *avoir* y el italiano *avere*; también el castellano medieval usaba aún *aver* (o sea, *haber*) con el significado posesivo, aunque se dio una transición en que *aver* fue quedando solo como auxiliar y *tener* iba comiéndole terreno en la posesión. Sin embargo, a grandes rasgos, **en castellano medieval alternaban sin problema *aver* y *tener***, como en este ejemplo de Berceo en que aparecen como sinónimos de un verso para otro:

> Non **avemos** dineros, nin oro nin argent,
> un cavallo **tenemos** en casa solament.

Además de las cuestiones semánticas ya vistas, tenemos las morfológicas: mientras el verbo *aver* tuvo los dos significados, alternaron formas plenas (la evolución regular) que aparecían especialmente para el valor posesivo y formas reducidas (una evolución —digamos— más agresiva) especialmente para el valor auxiliar. Podemos verlo en la siguiente tabla:

| **Latín** | **Posesivo** | **Auxiliar** |
|---|---|---|
| HABEO | *(h)e* | *(h)e* |
| HABES | *aves* | *(h)as* |
| HABET | *ave* | *(h)a* |
| HABEMUS | *avemos* | *(h)emos* |
| HABETIS | *avedes > avéis* | *(h)edes > (h)eis* |
| HABENT | *aven* | *(h)an* |

La cuestión de la *h* ya la comentamos en su momento: H latina no se pronuncia, por lo que por lo general no se escribe, aunque sí puede aparecer más en las formas reducidas (no es casualidad que en italiano formas como *ho*, *hai*, *ha*, *hanno* sean de las pocas palabras que se escriben con *h*-).

En la tabla puede verse que hay una forma en común: *(h)e*, que fue la grieta por la que las formas reducidas fueron invadiendo a las formas plenas; en principio, para el valor posesivo deberíamos haber tenido *ayo* (similar a lo que vimos de HABEAT > *haya*). Como digo, **las formas reducidas fueron suplantando a las plenas, excepto a *avemos* y *avedes***, que resistieron, aunque con diversa fuerza: *avedes* ha sobrevivido en su forma final *habéis* hasta hoy, mientras que en la Edad Media *avemos* alternó con *(h)emos*, batalla que acabó perdiendo.

Una vez que se perdió el significado posesivo hacia el siglo XV, solo quedaron las formas reducidas de origen auxiliar, con la única excepción de *habéis* como forma plena de los tiempos compuestos (*habéis comido*), pero en forma reducida para el futuro (*comer heis* > *comeréis*). En cambio, en la primera persona plural solo tenemos la forma reducida para todo: *hemos comido* (no *habemos comido*) y *comeremos* (de *comer hemos*).

Con cierta frecuencia leo por esas redes sociales del Señor cosas como que *haiga* o *habemos* son formas terribles, horrendas, incluso que son cacofónicas. No. **Puede que sean formas no normativas, pero no hay intrínseca y físicamente ninguna razón fonética o morfológica para condenarlas**. Simplemente, acabaron perdiendo la batalla diacrónica por los caprichosos avatares de la evolución lingüística. Dicho de otra forma: el hecho de que se consideren no normativas o subestándares o como cada uno prefiera decirlo es **mera cuestión de convención**.

Dicho todo esto, una curiosidad. Por supuesto, las gramáticas previenen del uso antinormativo de *habemos*, pero de hecho hay una excepción: la expresión *habérselas con*; si la conjugamos en primera persona del plural, efectivamente la forma normativa es *nos las habemos con*.

Por otra parte, yo tengo una minicruzada personal en pro de uno de los usos no normativos de *habemos*. Naturalmente, yo digo *hemos comido*. Sin embargo, hay un uso en que *habemos* me parece prácticamente necesario: el que equivale a *hay (y ahí me incluyo yo)*. Por ejemplo, si digo «Aquí hay poca gente», no especifico si me estoy incluyendo; según la RAE, si quiero incluirme explícitamente, tendría que decir «Aquí somos/estamos poca gente». Pero... para mí no es lo mismo eso que «Aquí habemos poca gente», la verdad.

## *¿Otra forma bien rara? ¡Vámonos!*

Una forma tan aparentemente normal como vámonos encierra multitud de información de lingüística histórica. Empecemos por el principio. En *vámonos* tenemos, por así decirlo, dos palabras: el verbo *vamos* y el pronombre *nos*; al juntarlos, perdemos la *-s* de *vamos* (por eso no decimos *vámosnos), pero esto es así siempre: *llamémonos, riámonos, comámonos, amémonos...* La rareza de *vámonos* no va por ahí.

Aceptamos que el *vamos* de *vámonos* es primera persona del plural del presente de indicativo. Ahora bien, el español actual no admite pronombres enclíticos (pegados por detrás) en formas que no sean el infinitivo (*comerlo*), el gerundio (*escribiéndola*) y las formas de imperativo (*guárdalo, miradla*)... con la excepción de *vámonos*; o sea, **hoy no decimos *llamámonos, reímonos, comémonos* o *amámonos*, pero sí *vámonos*.** Entonces, ¿por qué este trato de favor? Vamos a verlo poco a poco.

Sorprendente como pueda parecer, la forma *vamos* (indicativo) se origina en el latín *vadamus* (subjuntivo), que evoluciona perdiendo la *d* intervocálica y fusionando las dos *aes* en contacto: *va(d)amos* > *vamos*. Aquí vemos que *vadamus* (subjuntivo) es el origen de *vamos* (indicativo), lo cual de primeras es raro.

Por su parte, *vayamos* (subjuntivo) es una forma secundaria, que no sale directamente de VADAMUS (subjuntivo) como habríamos esperado, sino que se crea en el propio castellano por influencia de otras formas como *caya* (actual *caiga*), *haya*, *traya* (actual *traiga*), etc. Sin embargo, esto va a ser algo más tarde, porque **en la Edad Media *vamos* tiene aún su función originaria de subjuntivo**, como puede verse en los textos medievales:

> E por esto quiero yo que **vamos** delantre del rrey.
> ¿E dónde mandas que **vamos** e dónde asentemos?

¡E incluso aún en el *Quijote*!

> Será bien que **vamos** un poco más adelante.

La pregunta ahora es: si *vamos* es subjuntivo en la Edad Media, ¿cuál era el indicativo? De la misma forma que *vamos* funcionaba en su función etimológica de subjuntivo, así también **el indicativo tenía su forma etimológica: *imos*, del latín IMUS (con la raíz de *ir*)**. Así aparece tan temprano como en el *Cid* y otras obras de los siglos XII y XIII:

> Pues que a fazer lo avemos, ¿por qué lo **imos** tardando?
> Si nos d'aquí non **imos**, en paz nunca bivremos.

Como no podía ser de otra forma, en la Edad Media había variación. El resumen es que **prevalecía *imos* para**

**el indicativo, pero ya hay muestras de *vamos*, que va desplazando a *imos* hasta hacerlo desaparecer por completo**. Por cierto, aquí estamos todo el tiempo hablando de *imos* y *vamos*, pero lo mismo se aplica para la segunda persona del plural, *ides* y *vades* (de *donde vais*). Así pues, en la Edad Media vamos a tener las siguientes conjugaciones teóricas:

| Indicativo | Subjuntivo |
|---|---|
| *vo(y)* | *vaya* |
| *vas* | *vayas* |
| *va* | *vaya* |
| ***imos*** | ***vamos*** |
| ***ides*** | ***vades*** |
| *van* | *vayan* |

Aquí tenemos problemas en las dos columnas. En el indicativo, tenemos dos formas que usan la raíz originaria del verbo IRE 'ir', mientras que las demás usan la raíz de VADERE 'ir (rápido)'. Por cierto, esta mezcla de raíces y la tendencia a preferir las formas de VADERE sobre las de IRE no son en absoluto exclusivas del español, sino que fue algo generalizado, y de ahí que tengamos italiano *io vado*, francés *je vais*, catalán *jo vaig*, gallego/portugués *eu vou*, etc.

Por otra parte, en el subjuntivo tenemos siempre la raíz de VADERE, sí, pero unas formas tienen *-y-* y otras no, lo cual es otro tipo de irregularidad. Estas —digamos— inconsistencias habían de regularizarse. Lo más probable es que todo empezara en el subjuntivo, que por analogía cambió *vamos* a *vayamos* y *vades* a *vayades*;

con eso nos queda un subjuntivo regularcito. Una vez que las formas *vamos* y *vades* quedan libres, pasan al indicativo, con lo que conseguimos asimismo una conjugación más regular en el presente de este modo. Dos pájaros de un tiro.

Con todo esto, estamos en disposición de entender finalmente **el porqué del privilegio de *vámonos*, la única forma de indicativo que en la lengua actual acepta un pronombre enclítico**. Es cierto que *vamos* queda como indicativo tras la reestructuración que hemos visto, pero sigue conservando ese antiguo rasgo de su origen de subjuntivo.

Para terminar de verlo, hemos de tener en cuenta que lo que normalmente se califica de primera persona del plural del imperativo (*comamos*, *leamos*, *friamos*) estrictamente es un subjuntivo en función exhortativa. Entonces, cuando el subjuntivo es exhortativo, funciona como imperativo y permite el pronombre enclítico... ¡incluso si ese subjuntivo exhortativo hoy es un indicativo!

## *Una palabra cuyo futuro fue y es incierto*

Es probable que sepas qué es el quesuismo: usar *que su(s)* cuando lo normativo sería usar *cuyo(s)*, *cuya(s)*, por ejemplo, «El niño cuyas / que sus gatas se han perdido está triste». Si somos realistas... **¿cuándo fue la última vez que usaste *cuyo* en una conversación?** No digo que uses *que su*, pero sí es probable que lo más normal es que des algún rodeo para evitar decir cuyo (por ejemplo, «El niño al que se le han perdido las gatas...»), que de forma oral puede llegar a resultar hasta pedante... ¡Y es que esta palabra tiene una larga historia de marginación ya desde el latín!

En latín, el pronombre relativo (de donde procede nuestro *que*), cómo no, se declinaba. La forma del genitivo (el caso de la posesión) era CUIUS, que tenía la particularidad de ser igual para los tres géneros gramaticales. Sin embargo, ya en el propio latín ese CUIUS se interpretó como masculino y se creó una forma secundaria femenina CUIA.

Las formas de CUIUS las vamos a encontrar en textos latinos de autores reputados, pero parece que en el latín vulgar el pronombre debía de haber caído en desuso ya hacia el siglo I a. C. Esto es importante cuando comprobamos la distribución de lenguas romances y la romanización de sus territorios. Para este siglo, la mayor parte de Hispania estaba bastante latinizada, pero no así la Galia (actual Francia) o la Dacia (actual Rumanía).

Suele decirse que el latín hispano tenía diversos rasgos arcaicos. Esto es porque el latín empezó a llegar a Hispania en el siglo III a. C., y **muchos rasgos que en Italia seguían evolucionando (y por tanto se exportaban ya evolucionados a las nuevas provincias) permanecían en su forma arcaica en Hispania**. Esto encaja con la supervivencia de CUIUS (y CUIA para el femenino, con sus plurales): tenemos *cuyo* en español y *cujo* en portugués (*cuxo* en gallego), mientras que otras lenguas romances recurren a otros pronombres o combinación de palabras, como el francés *dont*, el italiano *il cui*, el rumano *al cărui* o el catalán *del qual*.

Ante la debacle actual de *cuyo* y el auge del quesuismo, uno podría echarse las manos a la cabeza y clamar contra la destrucción del idioma... solo que quesuismo ya había incluso en el Cid y va a haber durante toda la Edad Media:

> Maravilla es del Çid, **que su** ondra creçe tanto.

Pese a todo, es cierto que en castellano medieval va a prevalecer el uso de *cuyo* sobre el quesuismo. Y no solo eso, sino que de hecho ¡había otro tipo de *cuyo* absolutamente perdido en la lengua actual! Igual que tenemos el *que* relativo («la manzana que me comí») y el *qué* interrogativo («dinos qué quieres»), **en la lengua medieval y aun áurica tenemos no solo el *cuyo* relativo, sino también el *cúyo* interrogativo (sí, con tilde)**. Para verlo, vamos a volver a sacar a relucir el inglés.

Si recuerdas la ley de Grimm, podrás ver que QUOD, una de las formas del relativo latino, es básicamente la misma que el inglés *what* (que realmente debería escribirse *hwat*, como en inglés antiguo); y el genitivo de *what* es *whose* igual que el del relativo latino es CUIUS.

En inglés, el uso de *whose* como equivalente de *cuyo* es totalmente normal incluso en la lengua cotidiana: «*The boy whose cats got lost is sad*». Algo menos frecuente es su uso interrogativo, pero tampoco es que sea formal o rebuscado: «*Whose book is this?*» o «*Whose is this book?*», que traduciríamos como «¿De quién es este libro?».

Bueno, en la Edad Media habrían dicho tal cual «¿Cúyo libro es este?» o «¿Cúyo es este libro?». Un ejemplo de Alfonso X:

> E preguntó a Rebeca e díxol': «Señora, dime **cúya** fija eres, sí te dé Dios mucha buena ventura».

Y todavía aún en Cervantes:

> Decidme, amigo: ¿**cúyas** eran las galeras que os daban caza?

Es posible que *cúyo* haya dejado algún tipo de rastro que aún se conserva en el español cotidiano. Los posesivos tónicos del tipo *tuyo*, *suyo* proceden de los posesivos latinos TUUS y SUUS. Ahora bien, la evolución regular desde el latín no justifica esa *-y-* de los resultados españoles, sino que deberíamos haber tenido *túo*, *súo*, etc. Una teoría bastante curiosa dice que esa *-y-* no etimológica es justamente por influencia de la *-y-* etimológica de *cúyo*. El razonamiento es algo así como que, de la pregunta «¿Cúya es esa casa?», la respuesta es «Suya», de modo que —por así decirlo— riman *cúya* y *suya*.

Creo que es lícito que lloremos por el interrogativo *cúyo*, que lloremos por el relativo *cuyo*, pero no olvidemos que **el español actual es una lengua no posesivista** (este término me lo acabo de inventar).

Lo que quiero decir —y creo que es parte de la culpa del retroceso de *cuyo*— es que evitamos los posesivos donde otras lenguas los usan: **no decimos «Me duele mi cabeza», porque se sobreentiende que es la mía**, y por eso usamos el artículo definido y la pertenencia la expresamos con ese objeto indirecto *me*.

Ya sé que no es lo mismo y que es rizar el rizo, pero igual hay algo de incoherente en rasgarse las vestiduras por la desaparición de *cuyo* (que hace de posesivo) a la vez que lo hacemos por el posesivismo que vemos tanto últimamente, y muy en especial en la prensa deportiva, pero cada vez más incluso en novelas: «Se ha lesionado su rodilla». Para reflexionar.

## *Una de cosas bastante medievales*

Hay infinidad de palabras, construcciones, rasgos y en general pequeñas cositas que dan a cualquier texto la impresión indiscutible de que se trata de algo medieval. Solo eso daría para su propio libro (como de hecho hay algún diccionario de castellano medieval), pero aquí habrá que contenerse un poco.

Comencemos por las vocales. Ya hemos explicado los cambios generales de estos fonemas desde el latín. Al contrario que otras lenguas como el inglés o el francés, estos sonidos son sumamente estables en español, tanto diacrónica como sincrónicamente. Por supuesto, sí hay algunas diferencias entre el castellano medieval y el actual, pero casi todos son cambios más o menos caprichosos y que hay que explicar caso por caso.

Así, por ejemplo, el actual *para* era *pora*, de una versión vulgar PORAD a partir de PRO AD; decimos que es un cambio caprichoso porque en principio habríamos esperado que se quedara *pora* (vaya, que no hay ninguna razón fonética para el cambio a *para*), pero simplemente se dio el cambio y acabó triunfando porque sí. También había diferentes vocales en verbos como *sope* por *supe*, *ove* por *hube*, etc.

Sí es especialmente interesante un cambio bastante más característico. Ya hemos mencionado que *Castilla* procede del latín CASTĔLLA. Como sabemos, Ĕ tónica diptonga, lo que nos da ***Castiella*, que es la forma frecuente de la Edad Media**. Otros ejemplos son *cuchiello*, *aviespa* o *priessa*, donde actualmente tenemos las formas *cuchillo, avispa* y *prisa*. O sea, que hoy tenemos una *i* procedente de una Ĕ, lo cual no es lo que toca, que es el diptongo *ie* medieval.

Una vez más, ya en la propia Edad Media comienza a haber variación (¡tan temprano como en el siglo X!) entre el diptongo regular (*Castiella*) y la forma simplificada (*Castilla*). No siempre, pero **la mayoría de los casos de reducción del diptongo se da en palabras con ese sufijo diminutivo *-illo*** (incluso si hoy en *Castilla* y *cuchillo* ya no identificamos que son diminutivos). Por tanto, una teoría bastante extendida afirma que el cambio se dio por influencia de otros sufijos diminutivos como *-ito*, *-ico*, *-ino*, de modo que *-iello* cambió a *-illo* para seguir el mismo patrón.

Ahora bien, puede que te hayas planteado la siguiente pregunta: ¿por qué *cuchiello* pasó a *cuchillo*, influyó en la simplificación de palabras como *aviespa* o *priessa*, pero no en la de muchas otras como *hierba* o *pierna*, de estructura fonética similar? Y es que, efectivamente, se trata de una tendencia, no de una regla. Si hubiera sido una regla, todas las palabras con la estructura habrían cambiado, pero ya vemos que no.

Otro rasgo bien medieval, siguiendo con la fonética (¿o con la escritura, según vamos a ver?), es la existencia de palabras como ***cabdal*** por ***caudal***, ***cobdo*** por ***codo***, ***cibdad*** por ***ciudad***, ***debda*** por ***deuda***, etc. Vemos que hay una *b* a final de sílaba que suele evolucionar a *u*, aunque a veces desaparece como en *cobdo*, *cobdicia* o *dubdar*.

En todos los casos, esa *b* medieval procede de tres sonidos latinos implicados en el dichoso tema de *b* y *v*: B, V y P. Si tomamos de ejemplo *cobdicia* desde CUPIDITIA, tenemos —entre otros cambios— sonorización de P intervocálica y síncopa de la vocal, lo que nos deja efectivamente con *cobdicia*.

| **latín** | ***protocastellano** | **medieval** |
|---|---|---|
| CU**P**IDITIA | *_co**b**edicia_ | _co**b**dicia_ |
| DE**B**ITA | *_de**β**eda_ | _de**b**da_ |
| CI**V**ITATE | *_ci**β**edade_ | _ci**b**dad_ |

Según sabemos, /β/ debería escribirse con *v* en castellano medieval (por lo que en principio deberíamos tener *devda* y *civdad*); sin embargo, lo que vamos a tener en la ortografía es *b*. Esto es porque simplemente no importaba, porque en esa posición relativamente difícil de pronunciar es posible que... ¡no se pronunciara! Ya sabemos que la ortografía tiende a ser conservadora e ir años e incluso siglos por detrás de la pronunciación real, por lo que puede que muy antiguamente sí se hubiera pronunciado una *b*, pero incluso en la propia Edad Media ya hubiera pronunciaciones como las actuales, aunque se siguiera escribiendo la antigua *b*.

En el siglo XVI, Juan de Valdés afirma lo siguiente respecto a ejemplos como *cobdiciar* o *dubdar*: «toda mi vida los he scrito y pronunciado con *b*». Como pasa a menudo, los testimonios puntuales de los gramáticos antiguos hay que cogerlos con pinzas: ¿de verdad Valdés pronunciaría esa *b*? Parece improbable que así fuera: es más probable que fuera un resabio pedante, como el de quienes hoy en día afirman distinguir la pronunciación de *b* y *v*.

**El castellano siempre ha llevado mal la combinación de algunas consonantes que quedan en contacto** tras una síncopa. Por ejemplo, de HONORARE tenemos el actual *honrar*, pero en la Edad Media ese grupo *-nr-* se le atragantaba al castellano medio, por lo que se añadía una consonante llamada epentética, es decir, que se insertaba como transición para facilitar la pronunciación; así, tenemos el Cid lleno de *ondra* (honra), *ondrastes* (honrasteis), etc.

Otra solución para evitar grupos consonánticos incómodos era la metátesis, es decir, intercambiar los sonidos. Por ejemplo, el actual *espalda* es fruto de metátesis: procede de SPATHULA ('omóplato' en terminología técnica), que pasa a *espád(o)la* y en principio debería quedar como *espadla*. Ese grupo *-dl-* tiende a resolverse con metátesis, como en *espadla* > *espalda*, pero también en la combinación frecuente del imperativo con un pronombre:

> Vos mandamos luego que non consintades a ninguno que les fagan fuerça nin torço en estas cosas sobredichas de que se nos enbiaron querellar, e **anparaldos** e **defendeldos** con todas estas cosas sobredichas.

Una última metátesis, que además me gusta mucho porque desvela una etimología de tantas que está oculta a ojos del lego, pero que se desvela de inmediato con un poco de fonética histórica. ¿De dónde puede venir *candado*? Si no vas sobre aviso, es probable que no puedas adivinarlo; pero, si te digo que viene de CATENATU (literalmente, '[en]cadenado'), seguro que lo ves: CATENATU > *cadenado* > *cadnado* > *candado*.

También vamos a encontrar una **combinación de pronombres peculiar, *gelo* (*gela*, etc.)**, que como sabemos ha de leerse {shelo}, y que se corresponde con el actual *se lo*. Quien sepa italiano lo relacionará fácilmente con el equivalente *glielo*. ¿Cómo se explica este pronombre combinado?

Sin entrar demasiado en sintaxis, lo que tenemos es la unión de un pronombre de objeto indirecto (actual *le*) y de objeto directo (actual *lo*, *la*, etc.). La secuencia en latín era ILLI ILLUM, de donde vemos la evolución por separado *le* desde ILLI y *lo* desde ILLUM. Sin embargo, esta combinación era tan frecuente que evolucionó de forma particular como una sola palabra, no como *le lo*, sino como *lielo* (o sea, como *li elo*). No ha de extrañarnos que actuara la tendencia antihiática, de modo que *li elo* pasó a silabificarse como *lie-lo*, y, una vez que tenemos esa yod del diptongo, actúa sobre la *l* convirtiéndola en {*sh*}: *gelo*.

Por cierto, una palabra relacionada que no triunfó en castellano pero sí en otros romances es el posesivo de tercera persona plural derivado de ILLORUM (literalmente, 'de ellos'). En español, el posesivo es *su(s)*, que no distingue si el poseedor es singular o plural (lo que distingue singular de plural es lo poseído): «Mi hermano y sus problemas», «Mis hermanos y su problema».

En cambio, en otras lenguas romances sí se distingue el singular (con un posesivo similar a *su*) del plural (derivado de ILLORUM). De ahí tenemos el italiano *loro*, el francés *leur*, el rumano *lor*, el catalán *llur* (aunque bastante restringido). También se encuentra en textos aragoneses, como el *Vidal Mayor*: *Pongan mientes los advocados et procuradores de los pleitos que por mal uso no apioren la dignidat de **lur** offitio ni usen de **lures** armas a daynno de sí.*

Seguiremos más adelante con otra tanda de cosas asaz medievales, pero por el momento lo dejamos aquí, que tenemos que hablar de temas importantes como los pretéritos perfectos e imperfectos.

*La (im)perfección de los pretéritos*

Este capítulo lo vamos a empezar un poco *off-topic*, respondiendo una pregunta que quizá te hayas hecho alguna vez: **¿por qué un pretérito se llama *perfecto* y otro *imperfecto*?** ¿El perfecto es mejor que el imperfecto? ¿A qué vienen esos nombres? Entre la etimología...

Como puedes suponer, *perfecto* procede de PERFECTU, que en latín es un compuesto de FECTU (de donde *hecho*) y el prefijo PER con el significado de 'completamente'; por tanto, de forma literal, algo perfecto es que está completamente hecho (sin entrar a juzgar en la perfección tal como suele entenderse), y de ahí podemos deducir que algo imperfecto es que no está completamente hecho.

Ahora, quizá en clase de Lengua te aprendiste de carrerilla que los verbos tienen persona-número-tiempo-voz-modo-aspecto. Bien, esa última palabra de la ristra, *aspecto*, clasifica la acción expresada por el verbo como acabada o no. Por poner un ejemplo sencillo, en «Era verano cuando llegó la noticia» tenemos *era* (imperfecto) y *llegó* (perfecto); imperfecto, porque el verano estaba en su proceso (y por tanto aún no había acabado), y perfecto, porque la acción se cumplió por completo. Explicado queda, y con esto ya tienes cinco minutos de conversación en la próxima cena de Navidad.

Aún hoy, **el pretérito imperfecto distingue la primera conjugación de las otras, pues tenemos *amaba* pero *comía* y *dormía* (no **comiba* ni **dormiba*)**. Aunque en latín todos los verbos tenían *-ba-* en este tiempo, el castellano medieval ya había perdido la *b* (*v*, por ser intervocálica; por eso *amabat* > *amava*) en las conjugaciones segunda y tercera.

Primero: ¿por qué estas conjugaciones habían perdido ese sonido del morfema en castellano? Sin estar del todo claro el motivo, es posible que el proceso de elisión empezara en verbos sumamente frecuentes que tenían demasiados sonidos similares. Por ejemplo, de HABEBAT habríamos tenido el medieval *aveva*, y de VIVEBAT habríamos tenido *viveva*; pero ya en la Edad Media teníamos *avía* y *vivía*. A partir de esos verbos frecuentes, la pérdida se extendería a las conjugaciones enteras.

Segundo: son estas formas precisamente las que se comportaban de forma similar pero distinta en la Edad Media. En la lengua actual tenemos siempre la terminación *-ía* con un hiato bien claro, pero **en la lengua me-**

**dieval había variación: el actual *comía* podía aparecer como *comía*, pero también como *comíe* y *comié*,** que son de hecho las variantes más frecuentes durante la mayor parte de la Edad Media.

Del pretérito perfecto simple (indefinido, como se llamó durante un tiempo; perfecto, para abreviar) ya hemos hablado, pero nos quedan cosas por decir. **Una cosa que choca a veces es que una forma como *cantamos* pueda ser presente o perfecto**. Ambas son formas esperables desde el latín CANTAMUS y CANTA(VI)MUS, pero la etimología no les valía suficiente a los hablantes medievales.

Ya hemos mencionado varias veces la *analogía*, pero aún no la hemos explicado. En lingüística, es básicamente una regla de tres. Aplicando esto a lo que nos ocupa: si de *comí* tengo *comimos* y de *dormí* tengo *dormimos* (*i-i*), ¿cómo voy a tener *amé* y *amamos* (*e-a*)? ¡Lo lógico sería *amé* y *amemos* (*e-e*)! Y así fue durante la Edad Media, aunque finalmente acabó triunfando la forma etimológica, no la analógica. A su vez por analogía con este *amemos*, podemos tener formas como *ameste* y *amestes* por *amaste* y *amastes*.

Volviendo al deseo de diferenciar presente de perfecto, también podemos encontrar *oyemos* por *oímos*. El razonamiento es el mismo: *oímos* puede ser presente y perfecto, así que tomemos la raíz que tenemos por ejemplo en *oyeron* y digamos *oyemos*, *oyestes*, etc.

Y, cambiando un poco de tercio, en la Edad Media vamos a tener aún bastantes raíces irregulares heredadas del latín que a lo largo de la historia fueron regularizándose. Por ejemplo, nos queda como fósil el adjetivo *malquisto* (y *bienquisto*), del participio del verbo *malquerer*, donde vemos el antiguo participio *quisto* por el actual *querido* (en cambio, el perfecto propiamente sigue siendo irregular: *quise*, no **querí*). De hecho, muchos de los perfectos irregulares medievales son aquellos que en latín eran *sigmáticos* (porque la raíz terminaba en *-s*): *mise* por *metí*, *rise* por *reí*, *prise* por *prendí*, *respuse* por *respondí*, e incluso *cinxe* por *ceñí* o *destruxe* por *destruí*.

Por último, hablemos del pretérito pluscuamperfecto. Y, para no quedarnos cojos de aquí, veamos también el porqué de su nombre. En realidad, es bastante transparente: plus quam perfectus, o sea, más que perfecto. ¿Por qué? **Porque el pluscuamperfecto expresa el pasado del pasado, es decir, algo que pasó antes que otra cosa que también ocurrió en el pasado**: en «Cuando llegué, ya había muerto», la muerte fue primero, y luego la llegada, aunque las dos cosas están en el pasado.

Dicho eso, ¿qué podemos comentar de este tiempo del indicativo? Quienes hablen gallego o portugués sabrán por dónde van a ir los tiros, ya que estas lenguas aún conservan el antiguo pluscuamperfecto heredado del latín, del tipo AMAVERAT, que traduciríamos como *había amado*.

Ya vimos que el perfecto perdía la sílaba -VI/VE-, como en AMAVERUNT > *amaron*. Lo mismo ocurría con esa sílaba en el pluscuamperfecto: AMAVERAT > *amara*. Esta es precisamente la forma que vamos a encontrar para el pluscuamperfecto durante la Edad Media: *amara, amaras, amáramos*... Un ejemplo alfonsí en el que aparecen muchas de las cosas que hemos visto en los últimos capítulos y algo antes (y otras que están por venir):

> Ya oyestes desuso cuemo Caco fue vençudo y Hércules segúdol' fasta Moncayo, o él solié morar, e, andándol' buscando por aquella tierra, semejól' muy buena, e por end' pobló una cibdat al pie de Moncayo d'unas yentes que **vinieran** con él de Grecia.

Ese *vinieran*, en la lengua actual, se diría mejor como *habían venido*; y, sin embargo, sigue encajando. Justo aquí tenemos otro fósil: **el español sigue aceptando el antiguo pluscuamperfecto latinizante**, muy especialmente en oraciones de relativo cuando no se expresa el antecedente, como en «El que *fuera* el primer hombre de Roma murió asesinado como un perro», o sea, que César, que *había sido* el más importante de Roma, murió cosido a puñaladas.

Y no hace falta estar especialmente pendiente para darse cuenta de que *fuera*, *vinieran*, etc., siguen existiendo, pero no como pluscuamperfecto, sino como pretérito imperfecto de subjuntivo. En efecto, ya durante la Edad Media alternaban el pluscuamperfecto latinizante (*fiziera*) y el compuesto (*avía fecho*), que iría imponiéndose especialmente a partir del siglo XIV. Sin embargo, el primero no murió, pues acabó, como hemos visto, en el lugar de imperfecto de subjuntivo.

## *Ser o no ser (o sea,* estar *y* haber*)*

Lo hemos ido posponiendo, pero ya es hora de abordar **un tema bien complejo: las distintas competiciones que hubo en la Edad Media entre *ser, estar* y *haber*** y cómo acabaron resolviéndose hasta dar con la situación actual. Empecemos por lo que toca a algo que tenemos reciente: el pretérito perfecto compuesto y los tiempos compuestos en general.

Ya sabemos que el perfecto latino es el padre del perfecto español: CANTAVI > *canté*. Ahora bien, en principio, el latín no tenía un equivalente a nuestro *he cantado*, por lo que, en un texto latino, CANTAVI se traduce como *canté* o *he cantado* según el contexto (o sea, lo que quede mejor, para entendernos). Si no había un perfecto compuesto en latín, ¿cómo es posible que sí lo haya en tantas lenguas romances? Por supuesto, español *he cantado*, pero también italiano *ho cantato*, francés *j'ai chanté*, catalán *he cantat*... La respuesta, claro, está en que esta forma ya empezó a desarrollarse en latín vulgar, la verdadera madre de las lenguas romances.

Por la propia naturaleza del verbo *haber* (recordemos: inicialmente 'tener', verbo transitivo, es decir, que requiere un objeto directo), en principio el perfecto compuesto con este auxiliar solo podía aparecer en verbos transitivos. ¿Implicaba esto que los verbos intransitivos se quedaban sin tiempos compuestos? ¡No! Para esos empezó a usarse como auxiliar el verbo *ser* (el principal verbo copulativo y por tanto intransitivo). Por consiguiente, en un principio tenemos casos como este:

> Farás derecho e bien si me enbiares omnes en ayuda, ca todas mis huestes **son ydas**.

Aquí tenemos que hacer algunas matizaciones. Vemos que el participio con el verbo *ser* tendrá el género y el número del sujeto (como *huestes* es femenino plural, el participio *idas* es femenino plural), como es natural. ¡Pero también el participio del verbo *haber* concuerda —en este caso— con el objeto directo! Esto se explica, al fin y al cabo, por la naturaleza de la construcción original; para verlo claro: *tengo unas cartas escritas ≈ tengo escritas unas cartas → he escritas unas cartas.*

> Sy nós queremos dar cabo al fecho de Troya, aquel ha mester que tolgamos primero de entre ellos, ca nos **han** hoy **muertos** tales tres rreys.
>
> E sobre la razón de los omnes, que los reyes e las otras sus justicias de la tierra matan, dizen que non los matan ellos si non la ley e el fuero por las culpas de las nemigas que **an fechas**, e que las justicias non fazen ý pecado ninguno.

En los textos más tempranos, vamos a encontrar con más frecuencia el orden más raro para nosotros: *escritas he unas cartas*. De forma gradual, la construcción va a convertirse en la que tenemos actualmente. Por supuesto, el participio queda fosilizado en masculino singular (*escrito he unas cartas*). También se acaba fijando el orden actual (*he escrito unas cartas*). En este punto, la conexión entre el participio y el objeto directo (y que tenían que concordar en género y número) estaba ya perdida del todo, lo que dio pie a que *haber* pudiera ir también con verbos intransitivos, de modo que acabó por perderse en castellano el auxiliar *ser* como en *somos venidos*, que pasa a *hemos venido*; sin embargo, este auxiliar consigue aguantar toda la Edad Media.

Probablemente el italiano sea la lengua que mejor conserva la situación inicial y más similar al castellano medieval temprano:

1. Sigue distinguiendo el auxiliar *avere* de *essere*:
***Ho*** *visto un gatto* (*He visto un gato*)
***Sono*** *andato a casa* (*He ido a casa*)
2. El auxiliar *essere* conserva la concordancia sujeto-participio:
*Sono* ***andato*** *a casa* (*He ido a casa* [masculino singular])
*Siamo* ***andate*** *a casa* (*Hemos ido a casa* [femenino plural])
3. El auxiliar *avere* conserva la concordancia objeto-participio:
*Il gatto l'ho* ***visto*** (*El gato lo he visto*).
*Le gatte le ho* ***viste*** (*Las gatas las he visto*).

Lo que acabamos de ver puede haber llevado a confusión a algún lector, que con bastante lógica puede estar haciéndose algunas preguntas... ¿Cómo que el auxiliar *ser* ha desaparecido? **¿Qué pasa con ejemplos como *es amado* o *son destruidas*?** Vale, sí, pero no.

En la primera parte de este capítulo hemos hablado de los tiempos compuestos (perfecto compuesto, pluscuamperfecto, etc.). Ejemplos como *es amado* o *son destruidas* son casos de voz pasiva, que es otra cosa distinta y efectivamente se forma con el auxiliar *ser* y el participio en el mismo género y número que el sujeto. Dicho sea de paso, tan distinta es la voz pasiva de los tiempos compuestos que puedes tener voz pasiva con un tiempo compuesto: *han sido destruidas*.

Yéndonos al latín, la voz pasiva tenía una particularidad: tenía sus propias desinencias, de modo que el español *es amado* (presente) era una sola palabra, AMATUR. Sin embargo, la cosa era algo más complicada, pues los tiempos equivalentes a los compuestos españoles (*ha amado* ~ *ha sido amado* [perfecto compuesto]) sí que eran compuestos en la voz pasiva latina, de modo que *ha sido amado* era AMATUS EST.

Si estás prestando atención, habrás visto algo raro: **AMATUS EST *no* es *es amado* (presente), sino *ha sido amado* (perfecto)**. Aquí empieza el lío. Era un poco raro que el auxiliar en presente formara el tiempo en perfecto, por lo que poco a poco se fue transicionando a que el tiempo perfecto se formara con el perfecto del verbo auxiliar; así, para *ha sido amado* ≈ *fue amado* se dirá AMATUS FUIT. Esto dejaba libre la forma AMATUS EST, que por consiguiente pasará a ser equivalente a *es amado*, lo cual a su vez hace desaparecer las formas pasivas con desinencias propias del tipo AMATUR 'es amado'. Básicamente, tenemos aquí otro de esos cambios en cadena típicos de la evolución lingüística, en que un cambio va causando el siguiente:

| **latín** | **latín vulgar** | **romance (castellano)** |
|---|---|---|
| AMATUS EST | AMATUS FUIT | *fue amado* |
| AMATUR | AMATUS EST | *es amado* |

Estas construcciones pasivas debían de ser sumamente antiguas (tanto, como el protorromance, o más). Sin embargo, ya vimos que los tiempos compuestos fueron desarrollándose a lo largo de la Edad Media. Esto nos da la siguiente curiosidad que podemos calificar de fósil latino en el castellano medieval. En la época en que *ser* podía ser aún auxiliar de los verbos compuestos, se rechazaba hacer una pasiva de un tiempo compuesto, ya que requeriría dos auxiliares cuya distribución aún no estaba clara. Por tanto, en los textos medievales tempranos podemos ver que *es amado* podía equivaler no al actual *es amado*, sino que conservaba el uso latino en que AMATUS EST equivale a *ha sido amado*; y, de la misma forma, *era amado* podía no equivaler a *era amado*, sino a *había sido amado*.

Por último, **nos queda hablar de la distribución *ser-estar-haber***, auténtico quebradero de cabeza para los estudiantes de español como lengua extranjera, incluso los nativos de otras lenguas romances. Aquí pasaremos de largo por la casuística detallada para extranjeros y nos centraremos en lo más jugoso.

En la escuela se dice que los verbos copulativos son *ser*, *estar* y *parecer* (este último verbo no nos interesa). Esto da a entender que *ser* y *estar* tienen bastante en común, y es que de hecho muchas lenguas solo tienen un verbo para los dos, como el inglés *to be*. En la Edad

Media, estos dos verbos tenían dos valores comunes: el locativo (= 'algo se encuentra en un sitio') y el llamado atributivo (= 'algo es/está + adjetivo').

El valor locativo solía expresarse con *ser*, que era el verbo más genérico, cuando se entendía como permanente, como en este ejemplo:

> Agora non nos finca ál si non que nos ayuntedes a quantos **somos** en la cibdad.

En cambio, se solía usar *estar* cuando se entendía como provisional:

> Et nós, pues que tierra de Foçis fue destroyda & pasamos de aquel logar a este seguros, **estamos** en esta rribera agena.

Además, ya dijimos que podía aparecer *estar* si el sujeto estaba ubicado de forma vertical o *yazer* si lo hacía de forma horizontal (pero esta distinción en absoluto era tan acusada como vimos en el inglés). Por ejemplo, en el *Cid* se dice:

> Toda la noche **iaze** en çelada el que en buen ora nasco.

De la elección del verbo podemos entender que estaba emboscado (*en çelada*) echado en el suelo.

Sea como fuere, muy poco a poco el verbo *estar* va absorbiendo todos los casos hasta monopolizar definitivamente el valor locativo en el siglo XVII.

En cuanto a *haber*, ya hemos comentado en este mismo capítulo y otros anteriores prácticamente todo. El uso para expresar la existencia (esencialmente, que *hay* algo) se desarrolla en la Edad Media. La construcción propiamente latina, que aún se ve en época medieval (y sorprendentemente llega hasta el siglo XVII), es la de usar simplemente el verbo *ser*; sin embargo, desde el principio el impersonal *ha* (y variantes con y sin hache, con y sin *-y*...) fue el preferido.

### *Otra de cosas asaz medievales*

Hace unos pocos capítulos vimos algunos rasgos principalmente fonéticos (y su consiguiente representación gráfica) que dan a cualquier texto su característico regustillo medieval. Ahora centrémonos en el apartado más léxico, o sea, de algunas palabras concretas que salpican por doquier los textos medievales.

Yendo solo unos pocos párrafos atrás, nos salió el siguiente monosílabo: ***ál*, equivalente a *otro* u *otra cosa*.** Aunque todavía lo recoge el diccionario de la RAE, lo marca como desusado, y no es para menos, ¡pues incluso en el siglo XVIII ya se consideraba *antiquado*! Sin embargo, fue bastante frecuente en la Edad Media.

La etimología de *ál* se encuentra en el latín ALIUS, que significaba 'otro' de forma genérica. Curiosamente, el latín distinguía ese 'otro' genérico de 'el otro' cuando hay una opción y *la otra*, que era ALTER (por eso, *alter ego* es literalmente 'el otro yo': el que no es mi yo normal, sino *el otro*).

Relacionada con ALTER estaba la palabra UTER, que significaba 'uno de los dos', de donde a su vez el compuesto aditivo UTERQUE ('uno *y* otro') y el negativo NEUTER, origen de *neutro*, literalmente 'ni uno ni otro'; en terminología gramatical, se refiere de forma literal a lo que no es *ni* masculino *ni* femenino.

El español y tantas otras lenguas romances forman su *otro* a partir de ALTER (ALTERU > *autru* > *otro*), pero de ALIUS hay una palabra muy curiosa (aunque casi inexistente en nuestra lengua): *álibi* o *alibí*, es decir, la coartada de las películas de abogados y policías, que resulta ser *alibi* en casi todas las lenguas, pero no en el español de la mayoría de los hispanohablantes. Procede del latín ALIBI, compuesto de ALIUS 'otro' e IBI 'allí', con lo que literalmente significa 'otro allí'; y es que ¿qué mejor coartada que no haber estado en el lugar del crimen, sino en *otro allí*?

Siguiendo con esta misma raíz, tenemos **el pronombre *otri* y sus variantes *otrié* y *otrién*.** Si tenemos en cuenta que este pronombre es un cruce de *otro* con *quien* (o su antigua variante *qui*), es fácil deducir que significa 'otra persona'. Un ejemplo de Alfonso X:

El qui tiene mugier casada de **otri** (e esta es adúltera), loco es e sin saber.

Y aquí vamos con otra etimología: *adúltero* no tiene etimológicamente nada que ver con los adultos, ¡sino con ALTER! Fíjate por ejemplo en que de SALSUS (que tiene sal) tenemos el contrario INSULSUS: ahí tenemos un cambio AL > UL típico del latín al poner un prefijo. Por otra parte, es fácil identificar el prefijo AD-, lo que nos permite quitarlo y restituir la A original: AD-ALTERUM. ¡El adúltero es literalmente el que se va para otro!

Si quitamos el mismo prefijo, vemos que *adulto* está relacionado con *alimento*, porque de forma muy básica el adulto es el que ha sido alimentado. A su vez, el adolescente es el que está en proceso de hacerse adulto (¡con ese apropiadísimo participio de presente!).

Por cierto, es posible que hayas leído u oído por ahí en materiales de psicología que el a*dol*escente es el que a*dol*ece de blablabá y el *dol*or del tal y cual. Bueno, que sepas que esa es una etimología más falsa que el 99 % de las de Alfonso X.

Ahora volvamos al mencionado adverbio IBI 'allí'. Ya hemos dicho que esta palabra es el origen de la terminación *-y* de *hay*, *estoy*, etc. Aunque hoy está totalmente perdido en español como palabra independiente, **en la Edad Media se usó profusamente el adverbio *ý* (y**

**variantes) exactamente con su significado originario de 'allí'**. La tilde es regalo mío, ya que en casi todas las ediciones aparece sin ella, lo cual puede causar bastante confusión. Como resumen rápido (y con sus excepciones), en la Edad Media vamos a tener *ý* para el adverbio 'allí', mientras que el nexo *y* aparecerá sobre todo como *e*, *et* o *&*.

Otro pronombre perdido, similar a *ál*, era ***nul*** **(de NULLUS), con el significado de 'nada'**, aunque ya en el mismo castellano medieval era de poco uso, pues se prefería *nada*. **¿Y de dónde salió *nada*?** Ahí tenemos otra historieta... En latín vulgar existía la expresión REM NATAM, literalmente 'cosa nacida', que acabó significando 'nada': de una frase como «No hay cosa nacida que...» es fácil pasar a «No hay nada que...». En español desapareció la parte REM, y NATAM evolucionó regularmente a *nada*. En otras lenguas fue al revés, como el francés *rien* y el catalán *res*.

Algo similar lo tenemos con el origen de *nadie*. Podía aparecer *omne nado* (literalmente, 'hombre nacido') con el significado de 'nadie'. Un ejemplo bastante cómico del *Poema de Fernán González*:

> La infant' doña Sancha, dueña tan mesurada
> —nunca byó **omne nado** dueña tan esforçada—,
> tomolo por la varva, diol' una grand tyrada,
> dixo: «Don traydor, de ty seré vengada».

De la misma forma que vimos con *otro* para las cosas y *otri(én)* para las personas por influencia de *qui(en)*, parece lógico que tuviéramos *nadi* y variantes como la triunfadora *nadie* (*nadien* no aparece en la Edad Media, pero sí más adelante) para la negación de la persona.

Todos los hispanohablantes nos sabemos aquello de que *mas* sin tilde es como *pero*, solo que más viejuno. La palabra latina era SED, que no parece haber dejado rastro en ninguna lengua romance; esto no debería sorprendernos, pues sabemos que estas vienen del latín vulgar. Y es que **en latín vulgar fue ganando fuerza MAGIS, literalmente 'más' (con tilde)**. La transición de significado es posible que comenzara en la combinación SED MAGIS 'pero/sino más bien' (como en «no tanto por gusto sino más bien por obligación»).

Tampoco debe sorprender, pues, que tantas lenguas romances tengan *mais*, *ma* y por supuesto *mas*. Esta era la forma preferida en castellano medieval, aunque **ya empezaba a asomar el actual *pero*, de PER HOC (literalmente, 'por esto')**. En la Edad Media era aún tónica (*peró*) y tenía un significado más fuerte, más bien de 'sin embargo', conservado en el italiano y catalán *però*, que mantienen ambos usos. En el siguiente ejemplo de Alfonso X podemos ver que ese *peró* tendríamos que cambiarlo por *sin embargo*, ya que de hecho va junto a *mas*:

> Respúsol' Alexandre: tú eres Nicholás, rey de los arideos, **mas peró** non se te exalte el coraçón en sobervia porque eres en ondra real.

Otra palabrita de uso en castellano medieval que sobrevive en muchas lenguas romances, pero que está esencialmente extinta en español, es **ende (solo usada ya en la locución *por ende* como sinónimo de *por consiguiente*)**. Procede del latín *inde*, literalmente 'desde allí'. Con este significado lo encontramos todavía en la Edad Media:

> Mientre él cantava en el teatro, no era ninguno osado de se partir **ende** ni yr a ningún logar por cosa que mester le fuesse.

Sin embargo, el uso más típico (solo por detrás de *por ende* con el significado actual) era el que ha sobrevivido *mutatis mutandis* en tantas lenguas romances: con el significado más o menos partitivo de 'de ello' (evolución semántica muy natural a partir de 'desde allí'). Un par de ejemplos con diferentes grados de partitividad:

> a) Et vienen otros e ffúrtangelo o ge lo rroban, e non les ha **ende** grado.
>
> b) El hermitaño se marabilló **ende** mucho et preguntól' cómmo podía esto seer.
>
> c) Que, así commo de la onra et del bien que el rey oviera, tomara muy grant parte, que él otrosí tomase **ende** su parte.

El lector más curioso se preguntará por los supervivientes romances, aunque en estas lenguas la palabra ha quedado bastante reducida. Algunos ejemplos los tenemos, de nuevo, en el italiano *ne* y en el catalán (y francés) *en*. Como en español no hay equivalentes directos, estos usos suelen resistirse a quienes aprenden alguna de estas lenguas. En un diálogo como «—¿Cuántos libros tienes? —¡Tengo tres!», se sobreentiende que son tres libros y ya está; pero en estas lenguas se especifica con este pronombre derivado del adverbio INDE con el significado partitivo de 'de ello(s)':

> —Quanti libri hai? —**Ne** ho tre.
> —Quants llibres tens? —**En** tinc tres.
> —Combien de livres as-tu ? —J'**en** ai trois.

Para ir cerrando este capítulo, veamos algunos adverbios más. El primero es, probablemente, **mi favorito: cras, de donde sale procrastinar** (literalmente, 'aplazar a mañana'). A los extranjeros suele hacerles gracia que se diga mañana por la mañana, pues muchas lenguas distinguen la palabra para 'el día siguiente a hoy' y 'la parte del día anterior al mediodía'; así, por ejemplo, en inglés sería *tomorrow morning*. Y lo mismo tenemos en castellano medieval: cras es el día siguiente al de hoy, mientras que mañana se refiere a la parte del día. ¿Y cómo era mañana por la mañana? Justo como cabría esperar:

> Ruégovos que vayades a mi casa, e lavar vos an los pies, e combredes ý, e **cras mañana** ir vos edes si quisiéredes.

(Por cierto, aquí tenemos ese *combredes* bien interesante, con síncopa del futuro *com(e)redes* y una *-b-* epentética similar a la de HOMINE > *omne* > *omre* > *hombre*.)

¿Y qué pasa con el día anterior? Del latín HERI tenemos el castellano antiguo *yer* (donde *ye-* cuenta por el diptongo *ie* procedente de Ĕ tónica, como de hecho tenemos en *yerba* ~ *hierba*, de HĔRBA), y el día anterior a ayer es... bueno, queda claro en el siguiente ejemplo:

> Otrossí, si buey firiere del cuerno a varón o a mugier e murieren d'ello, el buey sea apedreado, e non coma ninguno la carne d'él, e el señor del buey non caya en pecho [multa] ninguno, ca non á ý ninguna culpa. E, si el buey començare a salir feridor de los cuernos de nuevo, como de **oy**, o de **yer**, o **anteyer**, e lo dixieren los vezinos al señor cuyo fuere el buey e gelo testiguaren, e él nol' encerrare o nol' guardare, e el buey matare a alguno, apedreen el buey e maten al señor.

También tenemos la muy añeja forma *agora*, del latín HAC HORA (donde vemos que la sonorización intervocálica podía actuar incluso entre palabras cuando las dos se entendían como una sola), literalmente 'en esta hora'. La forma actual *ahora* puede entenderse como evolución de *agora* (realmente, algo injustificada), o por influencia de *hora* (**gora* no existe), o por proceder de la expresión AD HORAM, literalmente 'a la hora'.

Otro adverbio interesante es *lueñe*, del latín LONGE, ambos con el significado de 'lejos'. Esta palabra acabaría sustituida posteriormente por *lejos*, del latín LAXIUS (literalmente, 'más suelto, más separadamente'), lo cual me parece de una expresividad brillante.

Una pareja que todos más o menos conocemos,

aunque sea de los monasterios de Yuso y de Suso, es la constituida precisamente por los adverbios *yuso* ('abajo') y *suso* ('arriba'). La forma *yuso* es una evolución de DEORSUM, con el mismo significado. El contrario es *suso*, de SURSUM (de donde *sursuncorda*, literalmente 'arriba los corazones', el de la expresión «ni aunque lo diga el sursuncorda»; quizá más importante aún, el italiano *su*, de donde el maravilloso *tiramisù*, literalmente *tira mi su*, o sea, *álzame*, entiendo que al cielo).

Por último, nos queda ***assaz* ('bastante'), de AD SATIS, literalmente 'hasta lo suficiente'** (de SATIS tenemos *satisfacer*, claro; por cierto, el perfecto simple es *satisfizo*, no **satisfació*, porque es un compuesto de FACERE, o sea, *hacer*, por lo que, si tenemos *hizo*, no **fació*, hemos de tener *satisfizo*, no **satisfació*). Esta palabra es la misma que el italiano *assai* y el francés *assez* (¡de donde el inglés *asset* 'recurso'!). En muchas lenguas pasó de moda, aunque sigue empleándose de forma literaria; en el caso del castellano, fue sustituida por *harto* (como en *harto interesante*), que a su vez pasó de moda y por eso ahora decimos *bastante*.

## *Más bueltas a lo de* b *y* v

Este no es el primer capítulo ni va a ser aún la última vez que tratemos la larguísima cuestión de *b* y *v*. Lo último que habíamos visto es que la ortografía alfonsí escribe de forma bastante estable *b* para el fonema /b/ y *v* para el fonema /β/ (que no /v/, que no ha habido nunca). **Hoy en día nosotros pronunciamos exactamente igual *(los) bienes* y *(tú) vienes*, pero en la Edad Media se trataba aún de dos pronunciaciones diferentes.**

Para empezar el capítulo con buen pie, recordemos la distribución medieval de *b* /b/ y *v* /β/ según su etimología latina:

- *b* /b/ tiene dos orígenes: B no intervocálica (BARBA > *barba*) y P intervocálica (CAPIT > *cabe*)
- *v* /β/ tiene otros dos orígenes: cualquier V (VIVIT > *vive*) y B intervocálica (AMABAT > *amava*)

En forma de tabla clarita, la distribución de los orígenes nos queda así:

| origen latino →<br>↓ medieval | P | B | V |
|---|---|---|---|
| *b* /b/ | intervocálica<br>CAPIT > *cabe* | no intervocálica<br>BARBA > *barba* | |
| *v* /β | | intervocálica<br>AMABAT > *amava* | todas<br>VIVIT > *vive* |

Esta distribución teórica, en la realidad, era menos estable de lo que hemos hecho creer hasta ahora. De hecho, **no era raro tener *v* donde esperaríamos *b* y *b* donde esperaríamos *v*, como *bolar* por *volar* y *embiar* por *enviar***, o *barva* (¡y hasta *varva*!) por *barba*. Lo que esto nos da a entender es que empezó a perderse la distinción fonológica en la propia Edad Media (hay sospechas de peso ya en el siglo XIV, pero los diversos tipos de indicios son varios siglos más tempranos) hasta dar con la situación actual.

O sea, en corto para los pedantes: hay pruebas de peso de que *b* y *v* se pronuncian igual desde *al menos* el siglo XIV, sin resquicio alguno de duda desde el XV. Como la fusión ya estaba consolidada antes de la llegada a América, no, tampoco los lectores hispanoamericanos conservan un estadio anterior —ni desde luego más puro ni paparruchas antilingüísticas de esas— en que aún se distinguía y que luego se perdió esa distinción en España. ¡Ya estaba perdida para los conquistadores antes de zarpar! En fin, seguimos...

Vayamos ahora con las pruebas. La primera de ellas **requiere que hagamos un esfuerzo y aprendamos un poquito de... ¡fonética española!** Si has llegado hasta este punto del libro, creo que ya no hace falta que te insista en que no temas. Vamos a hacerlo fácil...

Hasta ahora hemos hablado de sonidos (concepto generalista: lo que pronunciamos) e incluso de fonemas (de forma simple, un fonema es el sonido que representa una o varias letras, p. ej. el fonema /a/ está representado por la letra *a*, el fonema /j/ está representado por *j* o *g[e, i]*, etc.; un solo fonema puede cambiar por completo una palabra, los pares mínimos que ya comentamos, como *lata* y *rata*).

Ahora nos queda hablar de... ***alófonos.*** Intentemos entender el concepto. En español decimos que tenemos el fonema /j/ de *jamón* o *geranio*, pero ese fonema /j/ se pronuncia de formas diferentes (alófonos) según diversos factores; así, de forma más gutural en el norte de España o de forma más parecida a la *h* inglesa en el sur, pero, independientemente de que digamos *{j}amón* o *{h}amón*, estamos hablando de jamón. Son dos sonidos distintos, pero son alófonos (no fonemas) porque uno u otro no cambia la palabra como sí pasa en *lata* y *rata*.

Por cierto, en lingüística también hablamos de *alomorfos*, el equivalente morfológico de los alófonos. Igual que un fonema tiene diferentes alófonos, un morfema puede presentar diversos alomorfos. Por ejemplo, el pretérito imperfecto de indicativo se expresa con un morfema 'de imperfecto de indicativo', que presenta el alomorfo *-ba-* (*amaban*) en la primera conjugación y el alomorfo *-ía-* (*debían*, *dormían*) en las otras dos. En cambio, en latín el morfema tenía un único alomorfo: -BA- (AMABANT, DEBEBANT, DORMIEBANT). Por contraposición, el castellano medieval a su vez tenía —digámoslo así— alomorfos del alomorfo *-ía-*: *dormían*, *dormíen*, *dormién*.

Con esto podemos ponerle nombre y hablar con propiedad cuando contemos en la cena de Navidad lo de que el artículo de *el agua* no es que sea un masculino usado como excepción-irregularidad en ese tipo de casos, sino que es el alomorfo de *la* que se usa en ese contexto. O sea, el morfema 'de artículo definido femenino singular' tiene dos alomorfos: *la* casi siempre, y *el* cuando la siguiente palabra es un sustantivo que empieza por *(h)a-* tónica. ¡Y recuerda explicar lo de ILLA > *la* (toma la segunda mitad) y *el* (toma la primera mitad)!

Otra posibilidad es que un fonema tenga dos realizaciones (alófonos) no dependientes de la variedad lingüística, sino del contexto dentro de la palabra. Por ejemplo, en la palabra *dedo* tenemos dos veces el fonema /d/, pero la primera *d* se pronuncia {d} (más pesada, como en el inglés *day*) y la segunda se pronuncia {ð} (más ligera, como en el inglés *they*). Si no has estudiado fonética en tu vida, lo más probable es que ni te hayas dado cuenta y que incluso pronuncies *day* y *they* exactamente igual.

Por cierto, esto nos viene genial para ver que la clasificación de dos sonidos como fonemas o alófonos depende de cada lengua, pues en inglés /d/ y /ð/ sí son fonemas separados porque causan pares mínimos como *day* 'día' y *they* 'ellos, ellas', mientras que en español son alófonos de un mismo fonema porque no importa si digo *{d}e{ð}o* (pronunciación natural) o *{d}e{d}o* o *{ð}e{ð}o*, etc. (pronunciaciones no naturales, pero posibles): siempre estamos hablando de un dedo.

Y acabamos de decir que la clasificación fonema-alófono depende de cada lengua, pero también puede variar incluso dentro de las etapas de una lengua. Así, **en el español actual *desde finales de la Edad Media*, lo que tenemos es un único fonema /b/ (representados ortográ-**

**ficamente por *b* y *v*), que tiene dos alófonos: {b} y {β}.** Cada uno de estos alófonos tiene su contexto fonético y aparecen indistintamente de que se escriba *b* o *v*:

- {b} aparece al principio de la palabra o después de *m/n* (como en ***b**om**b**a* o *en**v**iar*)
- {β} aparece en todos los demás contextos (como en *bar**b**a* o *bra**v**o*)

Hemos dicho numerosas veces que, en castellano medieval, *b* representaba el fonema /b/, y *v*, el fonema /β/. Como podrás intuir, lo que ocurrió entre los orígenes del castellano y finales de la Edad Media fue una transición entre dos fonemas diferentes y un mismo fonema con dos alófonos; como su propio nombre indica, esta transición fue gradual, y todo apunta a que la confluencia fue ocurriendo en un contexto fonético primero, luego en otro, etc.

Incluso en textos medievales en los que hay una enorme correspondencia de *b* y *v* según toca conforme a los orígenes latinos, vamos a tener casos que no se corresponden, especialmente en dos posiciones: *b-* cuando debería ser *v-* (p. ej. ***b**ivo* por *vivo*) y *-mb-* o *-nb-* en lugar de *-nv-* (p. ej. *em**b**iar* por *enviar*); o sea, justo los contextos de la distribución actual del alófono {b}. Además, no es infrecuente encontrar *v* cuando teóricamente le toca *b*, siempre y cuando sea un contexto en que actualmente tenemos {β} (p. ej. *bar**v**a*).

De aquí podemos deducir que estos contextos fueron los primeros en los que empezó a desdibujarse la distinción fonémica, y que de ahí fue extendiéndose a todos los demás hasta la situación de finales de la Edad Media y actual. (¿He dicho ya que la situación actual es *la misma* que a finales de la Edad Media?)

Todo esto, además, podemos verlo gracias —de nuevo— a las rimas de los poetas. En tiempos de Alfonso X probablemente ninguno habría rimado *nave* y *sabe*, pero en el siglo XV tenemos por ejemplo los siguientes versos de Garci Sánchez de Badajoz:

> qu'era muerto siendo v**ivo**
> y, siendo libre, capt**ivo**,
> declarando su bevir,
> y dezía en su decir
> el mal que de vós rec**ibo**

Lo especialmente interesante es que ya riman *bivo* y *captivo* con *recibo* sin reparo ninguno, más aún teniendo en cuenta que *bivo* y *captivo* vienen de V latina, y la *b* de *recibo* procede de P intervocálica (RECIPERE). Y, cómo no, el mismo Quevedo en su famoso soneto, que habíamos dejado a medias desde principios del libro:

> Érase un hombre a una nariz pegado,
> érase una nariz superlat**iva**,
> érase una nariz sayón y escr**iba**,
> érase un pez espada muy barbado.
> Era un reloj de sol mal encarado,
> érase una alquitara pensat**iva**,
> érase un elefante boca arr**iba**,
> era Ovidio Nasón más narizado.

Entonces, como resumen-conclusión, tenemos que en la Edad Media *b* y *v* aún se distinguían en la escritura y en la pronunciación (eran fonemas diferentes). Sin embargo, ya en este mismo periodo empieza a haber casos que dejan intuir la transición al estado actual, y para finales de la Edad Media ya se había perdido la distinción fonológica (o sea, ya no eran dos fonemas separados, sino alófonos de un único fonema); o sea, que la situación actual la traemos desde la misma Edad Media, no es que allamos dextruído el hidioma recientemente.

Queda por ver la modernización de la distribución de la ortografía de *b* y *v* en el siglo XVIII, porque, aunque la distinción en la pronunciación ya hubiera desaparecido a finales de la Edad Media, hasta el mencionado siglo siguió escribiéndose más o menos como se llevaba acostumbrando desde la ortografía alfonsí. Y, claro, ya no escribimos *cavallo* ni *cantava*... ¡ni *embiar*!

## *Capítulo importantérrimo*

Una de las cosas que suelen decirse al hablar de la evolución del latín a las lenguas romances es lo del paso de formas sintéticas a equivalentes analíticos. Esto que suena tan raro lo que significa es que **en latín, por lo general, se expresan determinadas nociones con una sola palabra, mientras que en las lenguas romances esa misma noción-palabra requiere de varias palabras**. Como ya vimos, el latín era una lengua con casos, mientras que las lenguas romances —simplificando— carecen de ellos, y lo expresado por las desinencias casuales latinas se expresa en las lenguas romances con preposiciones y el orden de palabras; así, por ejemplo, MILITIBUS equivale a *a unos soldados.*

Lo del paso a estructuras analíticas (o perifrásticas, en su sentido más genérico) también sale a relucir cuando hablamos de los comparativos y los superlativos. A cualquiera le sonará **el lema de los Juegos Olímpicos: CITIUS, ALTIUS, FORTIUS, o sea, *más rápido, más alto, más fuerte*.** Ahí vemos comparativos sintéticos latinos (en género neutro, concretamente) que en español tenemos que traducir con *más* + adjetivo. Solo quedan fosilizados algunos: los adjetivos comparativos *mejor* (= *más bueno*), *peor* (= *más malo*), *mayor* (= *más grande*), *menor* (= *más pequeño*), el adverbio *menos* (de MINUS, neutro) y alguna reliquia perdida por ahí.

Por su parte, tenemos también los superlativos. Normalmente se formaban con el sufijo -ISSIMUS, pero también con *¡los alomorfos!* -RIMUS y -LIMUS que aparecen en determinados contextos. Así pues, podíamos tener ALTISSIMUS, CELEBERRIMUS y FACILLIMUS. Ahora hablaremos de todo esto, pero no nos quedemos sin mencionar que en español seguimos conservando superlativos irregulares fosilizados, como *óptimo* (superlativo de *bueno*), *pésimo* (de *malo*), *máximo* (de *grande*) y *mínimo* (de *pequeño*); lo cierto es que a menudo ni siquiera se sienten ya como superlativos, pero técnicamente lo son, y por eso se supone que no hay que decir *más óptimo*, que es como decir *más muy bueno.*

Como todo el mundo sabe, **hoy decimos buenísimo o altísimo sin problema, pero lo cierto es que no siempre fue así en la historia del castellano.** Ya en el propio latín, el comparativo podía formarse a la romance, o sea, de forma analítica, por ejemplo, *magis humanum* para más humano; naturalmente, de aquí nos viene el comparativo español.

> Algunas lenguas romances conservan el descendiente de MAGIS, mientras que otras prefirieron el de PLUS, como el francés *plus* y el italiano *più*. Lo más estrictamente correcto era MAGIS, que tenía el sentido de 'más en cuanto a grado' (al fin y al cabo, el comparativo es un *grado* del adjetivo), mientras que PLUS tenía el matiz de 'más cantidad'. Esta distinción fue perdiéndose en el propio latín, y así unas lenguas seleccionaron una palabra, y otras, la otra.

Pues bien, este uso analítico del comparativo se extendió al superlativo, que empezó a formarse principalmente con *muy*, procedente de MULTUM, de donde también procede *mucho* (de esta doble evolución hablaremos en un momento); otra forma de expresar el superlativo era con *bien*, como en *bien dura* (= *muy dura*), expresión aún existente pero sentida más bien coloquial. Así pues, **en la Edad Media el grado superlativo va a aparecer más que nada con *muy* + adjetivo**. Simple y llanamente, el superlativo sintético latino había desaparecido, salvo un puñado de ellos no ya fosilizados en cuanto a forma, sino también en uso, pues prácticamente solo existían *dulcíssimo* y *altíssimo* referidos a Dios o a la Virgen.

Solo a finales de la Edad Media empiezan a aparecer con muy relativa frecuencia más superlativos sintéticos en más contextos: por así decirlo, se desfosilizan y vuelven a hacerse productivos. Esto suele atribuirse primero a influjo latinizante (lengua culta por antonomasia) y posteriormente a la influencia de lenguas de cultura de la época como el italiano.

Aun así, no debía de terminar de verse que *altísimo* fuera lo mismo que *muy alto*; igual que hoy mucha gente dice *muy óptimo* (o *más óptimo*) porque no percibe que *óptimo* ya es superlativo, aparecen casos de *muy* o *más* con superlativo sintético:

> Y luego mandó elegir siete sabios, los más sçientíssimos que en Roma oviesse.

Como sabemos, **actualmente la mayoría de estos superlativos se forman con *-ísimo*, que es un sufijo que hoy en día no tiene especial consideración de ser culto, aunque sí más expresivo que *muy***, como si lo altísimo fuera más alto que lo que es muy alto.

Por otra parte, existe el alomorfo *-érrimo*, limitado a adjetivos que en latín terminaban en -ER (independientemente de su terminación en español); como esto requiere de cierta cultura, esta formación sí que se percibe más culta. Por ejemplo, tenemos los siguientes casos:

- NIGER (esp. *negro*) → NIGERRIMUS > *nigérrimo*
- PAUPER (esp. *pobre*) → PAUPERRIMUS > *paupérrimo*
- CELEBER (esp. *célebre*) → CELEBERRIMUS > *celebérrimo*
- PULCHER (esp. *pulcro*) → PULCHERRIMUS > *pulquérrimo*

En el habla cotidiana, lo cierto es que estos superlativos pueden llegar incluso a considerarse pedantes, por lo que tienden a formarse no sobre la raíz latina, sino sobre la española, que entonces ya permite el superlativo en *-ísimo*:

- *negro* → *negrísimo*
- *pobre* → *pobrísimo*
- *célebre* → ¿*celebrísimo*?
- *pulcro* → *pulcrísimo*

Y, curiosamente, este sufijo, que no deja de verse de alguna forma excesivo y rimbombante, ha vuelto a su vez a gozar de cierta productividad para crear superlativos humorísticos aunque etimológicamente incorrectos, como el del encabezado de este capítulo: *importantérrimo*. Por cierto, si algo importantísimo es más importante que algo muy importante, ¿algo importantérrimo es más importante que algo importantísimo?

No me consta que en español haya llegado a usarse con algún grado razonable de frecuencia el otro alomorfo latino, como en FACILLIMUS, que nos habría dado *facílimo* (sí, *facilísimo* es etimológicamente incorrecto). En cambio, sí que tuvo fortuna al menos en portugués, donde en efecto se usa *facílimo*.

Y vamos, por último, con lo del doblete de *muy* y *mucho*. Como hemos dicho, las dos palabras proceden del latín *multum*; de hecho, en algunas lenguas romances no hay dos palabras para *muy* y *mucho*, sino una sola, como el italiano *molto*, el catalán *molt* o el portugués *muito*, lo cual de hecho es lo normal: de un étimo hay un resultado. Así pues, hay que explicar el caso del castellano.

Según lo que ya sabemos, de MULTUM tenemos un resultado tardovulgar *molto* (tal cual en italiano), que tanto en portugués como en castellano evolucionará hasta una etapa *muito*. Expliquemos cómo. Partiendo de *molto* {mól.to}, tenemos lo que se llama *vocalización de /l/ implosiva*: la *l* de final de sílaba se convierte en una vocal, a veces *i* y a veces *u*. A su vez, esa *i* afecta la *o*, transformándola en *u*, con lo que ya tenemos *muito*.

La vocalización de /l/ implosiva ocurre más de lo que pueda parecer. Vimos hace poco que *otro* viene de ALTERU, justo por eso: al vocalizar (en este caso en *u*) la *l*, nos queda un diptongo *au* secundario que evoluciona como primario, o sea, hasta *o*; también tenemos la síncopa de *e*: ALTERU > *aut(e)ro* > *otro*.

Si nos vamos al inglés, tenemos ***sausage*** por ***salchicha*** (de SALSICIA); vemos que la grafía conserva la etapa *au*, aunque la pronunciación sea ya *o*, y es que el inglés y el francés son lenguas con gran desfase entre la pronunciación y la ortografía, que se quedó estancada en el estadio evolutivo de hace siglos. Y hablando de sal, en *soso* también tenemos vocalización a partir de SALSU (literalmente, 'salado', quizá por uso irónico, aunque hay otras explicaciones). Otra palabra de estructura similar es *bobo*, que procede del adjetivo BALBUS, literalmente 'balbuciente'; creo que la evolución semántica es bastante clara.

Pero por poner un ejemplo de vocalización en *i*, tenemos uno muy interesante: *buitre*, del étimo latino VULTURE (*vulture* en inglés, ¡tal cual!). Por cierto, ahí tenemos uno de esos casos en que V latina quedó perpetuada como *b* en español.

El resultado castellano que esperamos desde *muito* es *mucho* (igual que de CULTELLU tenemos *cu**ch**illo*, de MULTU tenemos *mu**ch**o*), por lo que lo que hay que explicar es el otro resultado, *muy*.

**En las fases más tempranas del castellano debían de alternar todavía la forma más antigua *muito* y la forma más evolucionada *mucho*.** En ambos casos, esta palabra quedaba tal cual cuando iba «sola» y tenía acento prosódico (actual *mucho*, como en *te quiero mucho*), pero cuando iba modificando a una palabra por delante (actual *muy*, como en *estoy muy contento*) carecía de acento y podía perder la *-o* final por apócope.

La distribución teórica —en los textos, a la hora de la verdad, hay de todo— de las formas apocopadas es la siguiente:

- *much* cuando sigue vocal: *much alto*, *much onrrado*
- *muit* > *mui*, *muy* cuando sigue consonante: *muit grant honor*, *muy grande*, *muy grandes*

Esta distribución más antigua acaba por desaparecer cuando se impone *muy* para todos los casos, lo cual nos da la distribución de *muy* y *mucho* actual:

- *muy* como adverbio ante adjetivos u otros adverbios (*muy bueno*; *muy bien*)
- *mucho* en los demás casos (*ssuffriendo mucho affán*; *él comíe mesuradamiente, nin mucho nin poco*)

Vamos ahora con algo sumamente curioso que podemos considerar una reliquia del uso medieval, y estoy bastante seguro de que nunca te lo habías planteado. Si comparamos con el inglés, la distribución de *muy* y *mucho* coincide con *very* y *much* respectivamente (y, si lo habías pensado alguna vez, el parecido de *mucho* y *much* es pura casualidad: no están relacionados etimológicamente):

- *I don't eat **much** bread.* → *No como **mucho** pan.*
- *I'm **very** happy.* → *Estoy **muy** feliz.*

Sin embargo, esta correspondencia se rompe en el contexto concreto de la respuesta a una pregunta. En la mayoría de las variedades del español (pero no en Chile y Argentina), a una pregunta como *¿Te pareció interesante?* responderíamos con *Mucho*, no *Muy*; en cambio, la respuesta del inglés a *Did you find it interesting?* sería *Very*, no *Much*. Y lo mismo, por ejemplo, con *¿Estás cansada?*

¿Cuál es la explicación? De forma estricta, la respuesta lógica es, efectivamente, *Muy*, pues la estructura profunda de la respuesta es *Sí, me pareció muy interesante*; *Sí, estoy muy cansada*. Como adelantábamos, la causa de responder con *Mucho* es un resto del uso medieval.

Habíamos dicho que, cuando *mucho* iba solo (*te quiero mucho*), tenía su propio acento prosódico, mientras que cuando modificaba a un adjetivo o adverbio era átono y se apocopaba (actual *muy*). Aún en el español de hoy, *muy* es una palabra átona, salvo en pronunciación muy enfática (inténtalo: di en voz alta que algo es *muy* bueno; verás que tienes que exagerar tanto que incluso el diptongo lo haces como hiato: {mú.i}).

Ahora bien, diciéndolo de forma sencilla, en español (como en tantas otras lenguas), un enunciado no puede ser 100 % átono, por lo que en principio no puede funcionar responder con *Muy*. Por eso, cuando la respuesta se limita a esta palabra, se exige la forma tónica, o sea, que la respuesta tiene que ser *Mucho*. Aunque en la lengua actual *muy* y *mucho* sean dos palabras diferentes con sus usos bien diferenciados, podemos decir que en la etapa medieval aún podían considerarse dos alomorfos dependientes de la tonicidad requerida por el contexto.

No creas que esto de la tonicidad es cosa que solo influyera en *mucho* y *muy*. También es responsable de otros dobletes de tónica y átona que pueden conllevar otros tipos de resultado. En el caso de MULTUM, la átona se apocopaba. En otros casos, cuando la átona tenía una ŏ que debería haber diptongado... pues no diptongaba, claro, ya que la diptongación solo se da en sílaba tónica.

¿Te acuerdas de la *infant' doña Sancha, dueña tan mesurada*? Fíjate: tenemos *doña* y *dueña*, ambas descendientes de DŎMINA. Cuando la palabra iba por sí sola, era tónica y diptongaba: *dueña* era sinónimo de *señora*; pero, cuando la palabra se usaba a modo de título, funcionaba casi como un prefijo del nombre propio, por lo que era átona y no diptongaba: *doña Sancha* (pronúncialo: verás que no dices {***dó***.ña sán.cha}, sino {**do**.ña.sán.cha}).

Por supuesto, tenemos lo mismo en el caso de *don* y *dueño*; pero en este caso tenemos dos detalles adicionales. El primero es que vemos que la forma átona está asimismo apocopada, como pasaba en *muy*. El segundo: ¿por qué *dueño, doña, dueña* con la *ñ* que les corresponde, pero *don* sin ella? En castellano se perdió la posibilidad de pronunciar {ñ} a final de sílaba, por lo que se sustituía con el sonido más cercano, {n}. Y lo mismo pasó con {ʎ}: por eso tenemos *doncella* pero *doncel* (no **doncell*), e incluso *caballo* pero *cabalgar* (no **caballgar*, de CABALLICARE). Igual que pasa con la *e-* protética de *espik espanish*, esto sigue estando vigente, y por eso la mayoría de los hispanohablantes no puede pronunciar el final de palabras catalanas como *company* y *Sabadell.*

*El orden de los pronombres*

Espero que hayas entendido bien del capítulo anterior la cuestión de la tonicidad, porque lo cierto es que hay otro asunto en que es clave: la posición de los pronombres en la lengua antigua, o sea, esos *marchose* y *voyme* que tan anticuados suenan y hasta los *dícese* del diccionario y el *haylas* del dicho.

Ya vimos la ley de Grimm. Otro señor germano —suizo, más concretamente— decimonónico que formuló otra ley que nos interesa fue Jacob Wackernagel, tocayo de Jacob Grimm, cosa no casual, ya que este fue el padrino de aquel (y es que todo queda en familia). La cosa es que Jacob Wackernagel formuló la ley de Wackernagel, que trata sobre la posición de las palabras átonas en las lenguas indoeuropeas.

Por ejemplo, en latín, partículas como ENIM 'en efecto', AUTEM 'por otra parte' y VERO 'sin embargo' no aparecen en la posición que nos resulta lógica en español, sino que siempre aparecen inmediatamente después de la primera palabra (por tanto, son la segunda), que necesariamente es tónica, incluso si eso separa dos palabras que en principio han de ir juntas:

> IPSE **AUTEM** ARIOVISTUS TANTOS SIBI SPIRITUS, TANTAM ARROGANTIAM SUMPSERAT, UT FERENDUS NON VIDERETUR.
>
> **Por su parte**, el propio Ariovisto se había vuelto tan orgulloso y arrogante que no parecía soportable.

También decimonónica es la ley que nos interesa especialmente: la ley de Tobler-Mussafia, de un señor igualmente suizo y otro dálmata. Es muy parecida a la de Wackernagel, pero es más específica de las lenguas romances: **una frase no puede empezar con una palabra átona, por lo que especialmente los pronombres necesitan apoyarse por detrás en una palabra tónica (el verbo)**. Esto se llama de forma más genérica *ley de enclisis*, porque una palabra enclítica es la que, según el *DLE*, responde a esta definición:

> Dicho [...] especialmente de un pronombre personal: Que se pronuncia formando grupo acentual con la palabra tónica precedente; p. ej., los pronombres en *dilo* y *díselo*.

Cuando tratamos la particularidad de *vámonos*, dijimos que en la lengua actual solo admiten pronombres enclíticos (o sea, pegados por detrás, como acabamos de ver) el infinitivo (*comerlo*), el gerundio (*escribiéndola*) y las formas de imperativo (*guárdalo, miradla*); pero esto no siempre fue así.

En la lengua medieval, se observaba de forma bastante estricta la ley de Tobler-Mussafia, que podemos resumir en tres contextos: 1) justo al inicio absoluto de frase, 2) al inicio de frase superordinada cuando va detrás de su subordinada y 3) después de la conjunción y:

> 1) Reçibio**lo** el Çid abiertos ambos los braços.
>
> 2) Después quel' ovo ssano, díxo**l'**: «D'aquí adelante non quieras peccar, porque esto te aya de acaesçer otra vez».
>
> 3) E assañó**s'** contra su padre, e lidió con él e venció**l'**, e fízo**l'** lo que él querié fazer a él, e echó**l'** del regno e fincó él por rey e señor de todo. E Saturno fuxó de Creta, e fues**se** pora Lombardía e ascondio**se** allí.

En cambio, otros contextos tienen el orden igual que el actual:

> Que, si non **la** quebrantás' por fuerça, que non **gela** abriese nadi.
>
> Los de Myo Çid a altas uoçes laman;
> los de dentro non **les** queríen tornar palabra.
>
> Sabíanla appareiar e endereçar por que **les** viniese meior lo que ý labrassen.

La ley de Tobler-Mussafia es realmente la síntesis de los autores por separado respecto al francés y al italiano antiguos, pero ya vemos que en castellano medieval es esencialmente lo mismo. Con cierta casuística, todas fueron cambiando hacia el uso actual en mayor o menor medida. **Un caso particularmente conservador es el del portugués, que sigue exigiendo la ley de enclisis** en casos como los siguientes (con traducción literal a modo ilustrativo):

Chamo-**te** mais tarde.
Llámo**te** más tarde.

Se eu terminar cedo, encontro-**me** com eles.
Si yo termino pronto, encuéntro**me** con ellos.

Mientras que en italiano el orden actual empezó a practicarse temprano, desde el siglo XIII, en castellano no comenzó hasta el XV y no se impuso casi por completo hasta el XVII.

Por cierto, igualmente el portugués sigue siendo conservador (aunque cada vez menos) en un aspecto que también existió en castellano medieval: lo que en gramática portuguesa suele llamarse mesoclisis y en la española puede aparecer como tmesis; se trata, esencialmente, de intercalar pronombres (y otras palabras) en medio de lo que actualmente es inseparable:

Mostrar-te-ei a casa nova.
Mostrar te he la casa nueva → Te mostraré la casa nueva.

Arrepender-me-ia do meu erro.

Arrepentir me hía de mi error → Me arrepentiría de mi error.

Como vimos, el futuro romance como *amaremos* fue inicialmente una perífrasis del tipo *amar hemos*. El condicional *amaríamos* es, a su vez, simplemente el imperfecto del futuro: *amar h(ab)íamos*. Así, tenemos casos como los siguientes, en que actualmente diríamos *le convidarían* y *lo habrían*:

**Conbidar le ýen** de grado, mas ninguno non osava.

Et ssi la muerte les acaesçiese estando en penitençia, ante que la conpliesen, lo que aquí non ovyesen conplido, auerlo ýan de conplir en purgatorio, que es logar do se purgan las almas.

# CLÁSICO

El periodo que vamos a tratar ahora suele recibir distintos nombres: **español medio, español clásico o español áurico**, principalmente. Yo me voy a decantar por clásico para referirnos a la lengua de **entre finales del siglo XV y finales del XVII**, y voy a justificarlo según mi criterio absolutamente sesgado y subjetivo.

Por una parte, lo de *medio* —más allá de la muy engañosa paronimia con *medieval*— da la impresión de que la lengua estaba a medio cocer, cuando realmente a estas alturas está más cerca de la actual que de la medieval. Por otra parte, lo de *áurico*, en cuanto que hace referencia al Siglo de Oro, de alguna forma parece describir la lengua de los autores típicos del periodo, como Quevedo, Góngora o Cervantes.

Así pues, por eliminación, yo personalmente me quedo con lo de *español clásico* para referirme al estadio de la lengua del periodo que vamos a tratar ahora, lo que el historiador Carlos Martínez Shaw llama ***la España moderna*, que va desde 1474 (fecha que coincide con la que da Lapesa para *el español preclásico*) hasta el muy redondo año 1700**; o sea, poco más o menos lo que había dicho yo en el primer párrafo: de finales del XV a finales del XVII.

En lo que a la lingüística histórica del español respecta, este periodo podemos resumirlo a grandes rasgos de la siguiente forma: muchos de los cambios que durante la Edad Media estaban en proceso (o sea, coexistía la variante puramente medieval con la que se acabaría imponiendo) terminan de consumarse; además, hay algún que otro cambio que es propiamente clásico, o al menos así se ha dicho tradicionalmente.

## *Nebrija, el primer filólogo hispánico*

Es probable que Elio Antonio de Nebrija se ofendiera por ser considerado filólogo hispánico antes que filólogo clásico, y es que ciertamente fue un gran latinista, hasta el punto de que hasta su *hater* Juan de Valdés tiene que reconocerle que «era muy docto en la lengua latina, que esto nadie se lo puede quitar».

Efectivamente, nuestro Antonio tenía una cruzada contra la ignorancia, y más concretamente contra la forma de enseñar latín del momento. Ni corto ni perezoso, escribió sus *Introductiones Latinae*, esencialmente un manual de gramática latina, el primero escrito en España y el mejor y más popular desde su propia publicación en 1481 hasta el siglo XVII. Pese a este precedente, no le fue tan bien en su faceta de *filólogo hispánico*...

Es relativamente conocida la anécdota según la cual **Nebrija fue a presentarle el incipiente proyecto de la *Gramática castellana* a la reina Isabel** (la Católica) y esta le hizo la pregunta a la que tantas veces nos hemos enfrentado los filólogos: que «para qué podía aprovechar» (o sea, el famoso **«¿Y eso para qué sirve?»**); esto, no por ignorancia pura y dura —causa de la pregunta en la actualidad—, sino porque por entonces no era fácil entender qué utilidad podía tener una gramática de una lengua viva —en contraposición al latín—, que se adquiría de forma natural desde la infancia.

De forma profética ante el desembarco en América, Nebrija dice lo siguiente: «una cosa hallo et saco por conclusión mui cierta: que siempre la lengua fue compañera del imperio»; o sea: «después que vuestra Alteza metiesse debaxo de su iugo muchos pueblos bárbaros et naciones de peregrinas lenguas, et con el vencimiento aquellos ternían necessidad de recebir las leies qu'el vencedor pone al vencido, et con ellas nuestra lengua, entonces, por esta mi *Arte*, podrían venir en el conocimiento d'ella, como agora nos otros deprendemos el arte de la gramática latina para deprender el latín».

Eso sí, cometió el natural error de quienes creen que la lengua de ellos mismos es la perfecta y que la juventud la corrompe y demás sandeces: «lo cual hezimos en el tiempo más oportuno que nunca fue hasta aquí, por estar ia nuestra lengua tanto en la cumbre que más se puede temer el decendimiento d'ella que esperar la subida». No pasaría demasiado tiempo hasta que los escritores del Siglo de Oro dieran razón para tal nombre.

También fue profética la actitud de la reina Isabel: así como su gramática latina había triunfado, la gramática castellana quedó en poca cosa, y así lo escribe muy contento Valdés: «nunca lo he oído alabar; y en esto podéis ver cómo fue recibido y cómo era provechoso que, según entiendo, no fue imprimido más que una vez». Como decimos hoy en día, **con su *Gramática castellana* Nebrija se adelantó a su tiempo**.

En esta época de transición entre el castellano medieval y el español clásico (puerta del actual), Nebrija atina frecuentemente al decantarse por la variante que triunfará, si bien en alguna ocasión apuesta por el caballo perdedor, como *oyo* por *oigo* o la denominación del tiempo venidero por futuro.

Vimos que en la Edad Media se usaba *f* para representar la aspiración {h}. Sobre esto volveremos próximamente, pero ya **Nebrija se decidía claramente por la grafía *h* para representar que «nos otros la pronunciamos hiriendo en la garganta»**. También sistematizó el uso de *m* (no *n*) ante *p* y *b*: «la *n* nunca puede ponerse delante la *m*, *b*, *p*; antes enlos tales lugares siempre avemos de poner *m* en lugar de *n*, como en estas diciones: *ombre*, *emmudecer*, *emperador*» (erró en lo de *emmudecer*, aunque yo digo que tenía razón).

Y aquí no me quedo a gusto sin mencionar **lo que dice de *b* y *v***: «aunque Juan de Mena enla *Coronación* hizo consonantes [rimó en consonante] entre *prover-*

*bios* i *sobervios*, puédese escusar por lo que diximos dela vezindad que tienen entre sí la *b* con la *u* consonante [la uve]». O sea, Juan de Mena, de la primera mitad del siglo XV, andaluz como Nebrija, ya debía de pronunciar ambas letras de la misma forma, y de ahí que no tuviera problemas en rimarlas. Ahora bien, Nebrija se queja —pero no mucho: hasta lo disculpa— de eso, dando a entender que él sí las diferenciaba: ¿verdad o ilusión pedante?

Cuando conjuga los verbos, siempre escribe cosas como *nós amamos* y *vós amáis*, pero fuera del uso metalingüístico emplea los pronombres actuales como *nosotros* (aunque aún en dos palabras); esto parece estar diciendo que en su época lo usual eran ya estos pronombres. Por el contrario, suele hacer uso de las formas de primera persona como *so* y *vo*, pero dice que «por ser tan cortos, **algunas veces por hermosura añadimos *i* sobre la *o*, como diziendo *do, doi, vo, voi, so, soi, sto, stoi*»** (respecto a estas dos últimas formas, él mismo se contradice en otro punto, pues indica al hablar de la ese que «la *s* enel castellano en ninguna dición se puede poner enel comienço con otra consonante»).

Muy curioso y revelador es también que ya conjugue la segunda persona del plural como *amáis*, *leéis*, *oís* en lugar de *amades*, *leedes*, *oídes*, así como *vamos* y *vais* por *imos* e *ides*, y por otra parte *avemos* (no *emos*) y *avéis*. Sin embargo, sí que conserva la *-d-* intervocálica la segunda persona del plural cuando las formas son esdrújulas: *amávades*, *leíades*, *oíades*, uso que de hecho seguirá vigente durante buena parte de la lengua clásica; aquí vemos que lo que nosotros habíamos explicado de forma simplificada (*-ades* pasa a *-ais*) tiene más matices: por así decirlo, la variación de la caída de *-d-* y paso del hiato a diptongo se asentó mucho antes en las formas no esdrújulas como *amades* y bastante más tarde en las esdrújulas como *amávades*.

También acierta en casi todo en cuanto a las formas irregulares del pretérito perfecto simple. Durante la Edad Media fueron bastante usuales las formas del tipo *andude* y *andide* (actual *anduve*), así como *estude* y *estide* (actual *estuve*); las formas que triunfaron se formaron por influencia de *uve* y *tuve* (actuales *hube* y *tuve*). Pues bien, Nebrija ya da la siguiente lista: «*andar*, que haze *anduve*; et *estar*, que haze *estuve*», además de otras formas como «de *caber*, *cupe*; de *saber*, *supe*; de *poder*, *pude*; de *hazer*, *hize*; de *poner*, *puse*; de *tener*, *tuve*; de *traer*, *traxe*; de *querer*, *quise*; de *ser*, *fue*; de *plazer*, *plugue*».

Tienen su comentario **el acierto en la forma *traxe*** (= *traje*), que contrasta con la usual todavía entonces *truxe* o *troxe*, así como **lo contrario en *plugue***, aún preferido como irregular. Además, nótese ese *fue* que probablemente ha pasado desapercibido: *yo fue*, con la misma *-e* que las otras formas.

Por último, hace notar las síncopas en el venidero —futuro— irregular: «avemos aquí de notar que algunas vezes hazemos cortamiento de letras o transportación d'ellas en este tiempo, como de *saber*, *sabré* por *saberé*; de *caber*, *cabré* por *caberé*; de *poder*, *podré* por *poderé*; de *tener*, *terné* por *teneré*; de *hazer*, *haré* por *hazeré*; de *que-*

*rer*, *querré* por *quereré*; de *valer*, *valdré* por *valeré*; de *salir*, *saldré* por *saliré*; de *aver*, *avré* por *averé*; de *venir*, *vendré* por *veniré*; de *dezir*, *diré* por *deziré*; de *morir*, *morré* por *moriré*».

Hagamos notar ese ***terné*****, fruto de metátesis de** ***ten(e)ré***, que acabará suplantado por la otra resolución del grupo incómodo *-nr-*: la consonante epentética para facilitar la transición de una consonante a otra, lo que resulta en *tendré*; y, por supuesto, ese muy llamativo *morré*.

Estas pocas notas dan testimonio de lo que afirmé al principio: que Nebrija fue el primer filólogo hispánico y casi que el primer filólogo en general, un personaje de gran importancia para el humanismo que incluso se adelantó a los grandes humanistas europeos de la talla de Erasmo.

## *Se pierden las aspiraciones*

Hace tiempo ya que nos habíamos quedado en que el castellano medieval aspiraba la *f-* inicial latina, como en FARINA, que, aunque seguía escribiéndose farina, se pronunciaba {ha.rí.na}. Cuestión aparte era la de la ortografía: idealmente, habría habido una distribución clara: *ff* para /f/ (*ffama*) y *f* para /h/ (*fazer*); sin embargo, ya vimos que esto no triunfó y que el uso era casi arbitrario.

También hemos mencionado que durante la Edad Media comenzaron a introducirse en el castellano cultismos, latinismos y extranjerismos que incluían /f/, como *figura*, *forma* o *furia*. En este punto, el castellano solo tenía /h/ (aspiración procedente de F- latina) y **no tenía una /f/ patrimonial; pero, a partir de las nuevas palabras, se reintrodujo la /f/ como cultismo, que ahora contrastaba y generaba pares mínimos con la /h/ patrimonial**, como en *horma* y *forma* (ambas del latín FORMA).

Una de las reglas preconizadas por Nebrija era la de «que assí tenemos de escrivir como pronunciamos i pronunciar como escrivimos, por que en otra manera en vano fueron halladas las letras»; y en esto, de hecho, hace hincapié a lo largo de la obra: «la primera regla del orthographía castellana: que assí tenemos de escrivir como pronunciamos i pronunciar como escrivimos». Por supuesto, el hecho de que {hór.ma} y {fór.ma} se escribieran igualmente *forma* contravenía esta regla, y de ahí que, como ya dijimos, el gramático fuera responsable de que se estableciera la **correspondencia gráfica con la pronunciación, de modo que {hór.ma} se escribiera *horma*, y {fór.ma}, *forma*.**

Ahora bien, todavía tenemos que ver la desaparición de {h} (que no de *h*), o sea, el hecho de que *h* pasara a ser una letra muda, es decir, que *horma* pasara de pronunciarse {hór.ma} a {ór.ma}.

El cambio de /f/ a /h/ fue muy temprano, de modo que fue bajando desde el norte hacia el sur junto a la Reconquista. Esto fue tan paulatino y gradual como la propia expansión castellana, de modo que, cuando la aspiración ya iba asentándose en el sur peninsular... ¡comenzaba a desaparecer por el norte, y vuelta a empezar el descenso de esta nueva pronunciación (o falta de ella)!

Es probable que, tan tarde como hacia el siglo XIV, la eliminación de /h/ estuviera aún sumamente restringida geográficamente; es difícil saber el ritmo inicial de su expansión. Sí que sabemos, como se deja ver en los textos de Nebrija, que él mismo aún aspiraba la *h*. También sabemos bastante bien que **en el siglo XVI hay una línea divisoria bastante bien marcada, de modo que —simplificando— desde el norte hasta Madrid (inclusive) ya no se aspiraba, mientras que más hacia el sur se mantenía la aspiración**.

Antes de continuar, recordemos dos cosas: primero, que hasta 1561 la capital estaba en Toledo, geográficamente más al sur que Madrid, por lo que aún aspiraba; segundo, que —como somos así y siempre lo hemos sido: ya se metía Valdés con Nebrija y su variedad lingüística porque «era de Andalucía, donde la lengua no está muy pura»— la capital y sus rasgos siempre se han considerado más prestigiosos que «las provincias», de la misma forma que la ciudad respecto al campo.

Dicho esto, tomemos por ejemplo la siguiente estrofa de la égloga tercera de Garcilaso, toledano:

> Cerca del Tajo, en soledad amena,
> de verdes sauces hay una espesura,
> toda de hiedra revestida y llena
> que por el tronco va **hasta** el altura
> y así la teje arriba y encadena
> qu'el sol no **halla** paso a la verdura;
> el agua baña el prado con sonido,
> alegrando la hierba y el oído.

En el cuarto y sexto verso tenemos *hasta* (del árabe hispánico *ḥattá*; aunque no procede de F- latina, esa *ḥ* actúa exactamente igual que /h/ < F-) y *halla* (del latín vulgar FAFLARE). También tenemos otras palabras con *h* (*hay*, *hiedra*, *hierba*), pero esa *h* procede de H latina, o sea, que nunca sonó en toda la historia del español.

Los versos son endecasílabos (tienen once sílabas), como puede verificarse sin problema ni dificultad por ejemplo en el primer verso. Ahora bien, si leemos el cuarto y el sexto con la pronunciación actual, nos salen diez sílabas, pues *va hasta* y *no halla* hacen sinalefa (se pronuncian {vaas.ta} y {noa.ya}, dos sílabas); **para que nos salgan once sílabas, es necesario que la *h* sea aspirada**, de modo que no se produzca la sinalefa: {vá.has.ta} y {nó.há.ya}, tres sílabas.

Ya hemos mencionado que en 1561 la capital pasa de Toledo a Madrid. Como lo importante son los colores, **los rasgos madrileños pasarán a ser los prestigiosos, por lo que la ausencia de aspiración será el modelo a seguir** y acabará imponiéndose de forma prácticamente generalizada. La aspiración pasará a verse como pronunciación rústica y de gentes humildes. Aun así, ya veremos que resiste e incluso acaba triunfando a su modo en determinadas palabras.

### *Ahora sí: de* vuestra merced *a* usted

Si me dieran un euro cada vez que en una novela histórica o película basada en la Edad Media usan *vuestra merced*, no sería rico, pero sí me daría para más de una comilona. Porque, claro, *vuestra merced* suena muy antiguo y arcaizante y respetable, pero no es propio de la lengua medieval, sino de la clásica.

Ya vimos que **lo propio de la Edad Media era *vós***, que tenía diversas desventajas como que prácticamente valía para todo y todos, tanto singular como plural, y llegado un punto casi para dirigirse al perro; o sea, a finales de la Edad Media *vós* había perdido todo rasgo deferencial o reverencial.

Aunque ya hemos dicho que *vuestra merced* no es algo medieval, sí que aparece tan temprano como ¡en el *Cid*!: «Entre yo y ellas en vuestra merçed somos nós»; y, si nos vamos por ejemplo al CORDE (Corpus diacrónico del español), también tenemos más de dos y tres casos de *vuestra merced* con sus variantes gráficas. ¿Y eso? ¿No que no era medieval?

Entendamos qué está pasando, no sea que nos hagamos trampas al solitario. En los ejemplos medievales como el del *Cid*, tenemos *vuestra merced* usado de forma literal (= bondad, buena voluntad, misericordia...; ¡hasta el punto de que se usa a menudo casi como fórmula de saludo!, como en «Merçed, Canpeador, en ora buena fuestes nado»), o sea, que podríamos parafrasearlo como «nosotras nos encomendamos a vuestra misericordia»; por tanto, vemos que ***vuestra merced* no hace de pronombre, no equivale a *vós* ni a *tú* ni nada de eso**.

Pero, eso sí, de estos usos literales sí que acabará gramaticalizándose *vuestra merced* como una especie de pronombre equivalente a *vós*. De un ejemplo como «me encomiendo a vuestra merced» (= a vuestra misericordia) es fácil entender lo mismo que en «me encomiendo a vós/ ti/usted...». Una vez que *vós* tiene su fuerza de respeto totalmente desgastada, una fórmula como *vuestra merced*, que hace una apelación a la benevolencia y misericordia del interlocutor (al que se le presupone mayor poder por el mismo contexto del ruego), viene que ni pintada para rellenar el hueco dejado por el moribundo *vós*.

Sí que es cierto que a partir del siglo XIV empezamos a ver algunos casos de *vuestra merced* literales pero que perfectamente podrían entenderse también de la otra forma. La conclusión es que **hasta el siglo XV predominará *vós*, y la explosión de *vuestra merced* llegará en el siglo XVI, haciendo de esta forma de tratamiento algo puramente clásico, no medieval**.

A su vez, una fórmula tan sumamente larga como *vuestra merced* estaba condenada a ir reduciéndose con el uso pronominal, hasta acabar dando con la forma actual *usted*. De hecho, **hay documentadas multitud de formas intermedias** (no necesariamente de forma cronológica): *vuessa merçed*, *vuesarced*, *vuesançed*, *voarçed*, *vuarçed*, *vuerçed*, *vuesansted*, *voaçed*, *vuaçed*, *vueçed*, *vosasted*, *vuesasted*, *vuçed*, *vuasted*, *vuested*, *uçed*, *vusted* (esta última justifica que la abreviatura tradicional de *usted* sea *Vd.*).

La considerable cantidad de formas intermedias que resultan en *usted* justifica sobradamente la afirmación de que su etimología resida en *vuestra merced*. Aun así, por ahí circula una etimología alternativa no inverosímil pero, según la navaja de Ockham, sí innecesaria, según la cual procede del árabe andalusí *ustad* 'maestro, experto'. Como digo, esta etimología es innecesaria, por mucho que aparentemente tenga sentido; pero, además de ser innecesaria, tiene el problema de que no encaja: ¿*usted* va a venir de una palabra árabe más de cien años después de concluida la Reconquista, y en cualquier caso con los moriscos en el punto de mira constante tras las pragmáticas de los Reyes Católicos? La paronimia y la relativa conexión semántica no parecen más que mera coincidencia.

El primer caso recogido de *usted* es bastante tardío: 1620; como siempre, tenemos que imaginar que, antes de que se escribiera por primera vez, ya llevaba años usándose oralmente. Por poner un ejemplo, en el *Quijote* (de 1605) no vamos a encontrar escrito *usted*, aunque es probable que Cervantes lo usara en su día a día.

Además de rellenar el hueco de *vós*, el pronombre *usted* vino con una **gran ventaja: podía formar el plural *ustedes*, lo que permitía por fin distinguir entre singular y plural de la misma forma que *tú* y *vosotros*.**

Por su parte, *vós* no desapareció del todo, sino que quedó como un pronombre puramente rústico (al fin y al cabo, la gente del campo no estaba en disposición de seguir las modas urbanas). Justo de esta forma llegó no solo a sobrevivir, sino incluso a triunfar, en algunos territorios de América que en la época colonial eran eminentemente rurales; por supuesto, hablamos del voseo generalizado tan típico de Argentina, Uruguay, Paraguay... En otras zonas como Chile, Colombia o Venezuela, el voseo siguió inicialmente el mismo rumbo que en España, por lo que quedó relegado a las clases humildes. Como bien sabemos, en España el uso de *vós* siguió decayendo hasta desaparecer por completo, por lo que actualmente tenemos esa gradación de voseo generalizado, voseo rústico y cero voseo.

Una de las diferencias entre España (y no toda: ahí tenemos a los canarios) y el resto del mundo hispanohablante es que aquí se conserva el *vosotros* para el plural, mientras que —con su cierta variación y dejando de lado lo ya dicho de *vos* (sin tilde ya)— en los demás territorios predomina el *ustedes* de forma generalizada, con lo que a los hispanoamericanos y canarios suele sonarles *vosotros* (y su respectiva conjugación: *amáis, coméis...*) a algo que se aprende en el colegio y poco más. El predominio de *ustedes* se ha explicado por el deseo de evitar el riesgo de equivocarse a la hora de elegir entre *vosotros* y *ustedes*, pues la sociedad colonial del momento podía hacer pagar caro un desliz protocolario como aquel.

Una variante —digamos— intermedia es la sevillana, en la que se usa *ustedes sois* con el significado no deferencial de 'vosotros sois' y *ustedes son* de manera deferencial. Yo mismo, que soy de Sevilla capital, nunca he usado *ustedes sois*, probablemente porque ninguno de mis padres son de la ciudad, pero sí que se lo he oído de siempre a muchos de mis amigos.

*El yeísmo no es lo que posiblemente creas*

Es cierto que el yeísmo no es un fenómeno que levante tan airadas y vehementes pasiones como lo de *b* y *v* o la tilde del adverbio *solo*, pero también tiene su cosa y para ciertos hablantes resulta uno de esos fetiches que caracterizan la supuesta pureza y cuán prístina es su variedad del español.

Antes de meternos en harina, **es necesario aclarar qué es (y qué no es) el yeísmo**. Esto último va especialmente por los argentinos. Veamos primero qué es. Históricamente, en español ha habido dos fonemas diferenciados en la pronunciación y en la escritura: *y* como en *poyo* y *ll* como en *pollo*. **El yeísmo es pronunciar *poyo* y *pollo* de la misma forma. ¡Punto!** Eso es el yeísmo: pronunciar igual *y* y *ll*, que es lo que en la actualidad hace la inmensísima mayoría de los hispanohablantes (alrededor del 90 %, según se estima).

Especialmente para nuestros amigos argentinos (y algunos hispanoamericanos más), hay que aclarar que **el yeísmo *no* es la pronunciación rehilada** típica de aquellas tierras, lo que de forma simple podemos resumir en «decir *posho*». O sea, que «digamos *posho* o *poio* o *pollo* o *poyo*» no tiene nada que ver con el yeísmo. Si uno pronuncia tanto *pollo* (el animal) como *poyo* (el banco de piedra) de la misma forma (ya sea *posho* o *poio* o *poyo*...), es yeísta. Por tanto, el argentino que «dice *posho*» tanto para *pollo* como para *poyo* es igual de yeísta que la mayoría de los españoles y resto de los hispanohablantes aunque no «digan *posho*». Aclarado esto, centrémonos ahora en la lingüística histórica.

Como decíamos, lo que actualmente seguimos escribiendo con *ll* y con *y* —aunque la mayoría de los hablantes lo pronunciemos igual— históricamente fueron dos fonemas diferentes con orígenes diferentes. La *y* /y/ procede principalmente de la yod latina, como en iacere > *yacer*, así como de varias secuencias de consonante más yod, como PODIU > *poyo*, RUBEU > *royo* y FOVEA > *hoya*; además, hay algunos casos en que la y es el refuerzo en inicial de palabra de lo que inicialmente era la *i* del diptongo *ie* procedente de ĕ, como ĔQUA > *iegua* > *yegua* o HĔRBA > *yerba*.

Por su parte, la *ll* /ʎ/ apareció ya en latín vulgar a partir de diversas secuencias que mencionamos en su momento, pero esa /ʎ/ muy antigua siguió evolucionando hasta convertirse en la actual *j*; es el caso de ALIU > *ajo*, OCULU > *ojo*, etc.; por tanto, esta no nos interesa. La *ll* actual procede principalmente de LL en latín (CABALLU > *caballo*) y de los grupos que también vimos en su momento: CLAVE > *llave*, FLAMMA > *llama*, PLENU > *lleno*; además, en alguna ocasión procede de la evolución de L + yod procedente de la diptongación de Ĕ, como en LĔVO > *lievo* > *llevo*.

**Esta distinción empezó a erosionarse gradualmente desde finales de la Edad Media.** ¿Por qué? Tradicionalmente se ha hablado de dos razones principales que se retroalimentan la una a la otra: que hay poca diferencia articulatoria entre los dos sonidos (ambos son palatales, sonoros y fricativos-aproximantes, y solo se distinguen por el punto de salida del aire: y sale por el centro, mientras que *ll* sale por los lados de la lengua), y que había pocos pares mínimos que hicieran rentable mantener la distinción: *poyo* y *pollo*, *vaya* y *valla*, *cayado* y *callado* y alguno más.

Además, el yeísmo (y fenómenos análogos) es un fenómeno frecuente no solo en las lenguas romances como variedades del portugués y del catalán, el francés general y dialectos italianos, sino también en otras lenguas como el griego de Chipre, que pronuncia {y} donde el griego estándar pronuncia {ʎ}.

**Rastrear los inicios del yeísmo es complicado** por culpa de los —digamos— falsos positivos, y así antiguos maestros de la filología hispánica conjeturan que ya hay algunos indicios tan pronto como el siglo x; sin embargo, actualmente se piensa que lo más temprano que puede darse por seguro es el xiv, aunque **no sería relativamente frecuente hasta finales del xv y a partir del xvi**. Hay al menos dos pruebas que justifican la vitalidad del yeísmo ya en estos siglos: que el judeoespañol (la variedad del español de los judíos que vivían en la península) es yeísta, por lo que el yeísmo debieron de tomarlo antes de la expulsión en 1492, y que se documentan frecuentes confusiones ortográficas en los textos de los primeros colonos americanos.

Aunque el yeísmo se considera un fenómeno de origen septentrional, realmente **su gran expansión se de-**

**bió a Andalucía**; es decir, que desde el norte llegó a Andalucía, y entonces Andalucía lo llevó a América (como el mayor porcentaje de quienes fueron a las Américas eran andaluces, por ende yeístas, de aquí que la mayor parte de Hispanoamérica sea yeísta) y lo iría implantando y reforzando gradualmente en gran parte de España. Pero esto lo veremos más adelante.

### *Los grandes del Siglo de Oro eran laístas*

Además de lo de *contestastes*, una de las cosas que se les echa en cara a los madrileños es el laísmo, el famoso *la dije* en lugar de *le dije* [a ella]. Este es un fenómeno que ya comenzó en la mismísima Edad Media, aunque la popularidad la alcanzó en el periodo que nos ocupa. Por supuesto, cuando hablamos de laísmo, también hay que hablar de leísmo y, en mucha menor medida, de loísmo.

En este periodo el sistema de pronombres personales átonos sigue haciéndose cada vez más parecido al actual: al caer en desuso *vós*, también lo hace *convusco* y variantes (y lo mismo con *nós* y *connusco*); los antiguos *gelo*, *gelas*, etc., pasan a los actuales *se lo*, *se las*, quizá por efecto del reajuste de las sibilantes que veremos pronto. También va ganando fuerza el objeto directo de persona con *a* («Veo una mesa», pero «Veo a mi padre»), y esto parece estar íntimamente relacionado con el leísmo, el primero de los tres fenómenos.

Si yo digo «Doy una manzana al niño», luego puedo decir «Le di una manzana»: *le* sustituye a *al niño*, que es objeto indirecto; lo mismo ocurriría si fuera *la niña*, que se sustituye también por *le*. Ahora bien, en principio el objeto directo no tiene preposición («Veo una mesa», «La veo»; «Me como una manzana», «Me la como»), pero cuando se refiere a personas sí va con *a*: «Veo a mi padre», «Hannibal Lecter se come a su víctima». Como la preposición *a* que precede a un objeto se relaciona con el objeto indirecto (que siempre lleva *a* y se sustituye por *le*), si ahora también usamos *a* para el objeto directo de persona, entonces ese objeto directo de persona también puede sustituirse por *le*: «Le veo» (la frase con Hannibal no funcionaría por cuestiones que se salen de nuestro propósito, pero me has entendido).

La cuestión del surgimiento del leísmo es bastante compleja, y ni siquiera hoy se ha llegado a una conclusión satisfactoria, sino que hay diversas teorías y todas ellas tienen unos u otros agujeros. La que acabamos de ver tiene sentido, aunque no lo explica todo; tampoco deja claro si el objeto directo con *a* es la causa o la consecuencia del pronombre *le* para el objeto directo.

> Una teoría verosímil pero en mi opinión algo floja dice que el leísmo podría estar conectado con la apócope medieval de los pronombres enclíticos, del tipo *díxol'* (*díjole*), *tomól'* (*tomolo*), etc. Una vez que pasó la moda de esta apócope, no se sabría cuál era la vocal que correspondía al pronombre, y de ahí la confusión de *le* y *lo*.

En cualquier caso, el leísmo estaba razonablemente extendido a finales de la Edad Media, pero no se encontraba lo suficientemente asentado en Andalucía como para que el grueso de los conquistadores fueran leístas y llevaran el fenómeno a América, razón por la cual el leísmo es muchísimo menos frecuente allá que aquí.

Ahora bien, independientemente de las teorías que intentan explicar las causas del origen del leísmo, laísmo y loísmo, una cosa está clara: **el sistema de los pronombres procede del latín**. El caso acusativo sirve para el objeto directo, así que *lo(s)* y *la(s)* proceden de los acusativos *illum* e *illos* por un lado y de *illam* e *illas* por otro; el dativo sirve para el indirecto, así que *le(s)* procede de los dativos *illi* e *illis*, que ya en latín no distinguían género, y esto es lo que explica que *le(s)* sirva tanto para masculino como para femenino. Este es el sistema llamado casual o etimológico, porque es tal cual lo que sale del latín, y suponemos que es lo que había en los inicios del castellano.

Este modelo **empezó a reestructurarse bastante temprano hacia uno que priorizaba no la herencia casual latina según la función sintáctica de objeto directo o indirecto, sino el género gramatical y si se trataba de algo contable o incontable**, de modo que el sistema se redistribuyó de la manera siguiente: *le(s)* para masculino, *la(s)* para femenino y *lo* para algo incontable. Según esto, eran aceptables ejemplos como «El escudo le tomé» (leísmo de cosa), «Las dije que sí» (laísmo) o —más increíble— «La leche lo bebí» (*lo* para incontable); casos como este último debían de resultar sumamente extraños, por lo que se añadió también género femenino a lo incontable, de modo que se dijera «La leche la bebí». Si el sistema anterior recibe el nombre de casual o etimológico, este suele llamarse referencial o semántico (porque presta atención al significado, a la entidad a la que el pronombre hace referencia, no a la sintaxis).

Estos dos sistemas debieron de entrecruzarse de múltiples formas, resultando en multitud de variantes, pero finalmente se asentó un **sistema de compromiso entre el casual y el referencial**. A continuación, la versión idealizada, prácticamente el sistema estándar actual:

| | **CONTABLE** | | | | | | **INCONTABLE** | |
|---|---|---|---|---|---|---|---|---|
| | Singular | | | Plural | | | | |
| | Masculino | | Femenino | Masculino | | Femenino | Masculino | Femenino |
| | +*h* | -*h* | | +*h* | -*h* | | | |
| **Objeto directo** | **le** | **lo** | **la** | **les** | **los** | **las** | **lo** | **la** |
| **Objeto indirecto** | **le** | | | **les** | | | | |

Sin embargo, en Madrid —ya como capital, con el consiguiente prestigio de su variedad lingüística— predominaba una variante algo más referencial que la que acabamos de ver, pues el objeto indirecto femenino podía ser *la(s)*, o sea, laísmo. Esto se ve en muchos de los grandes autores del Siglo de Oro como santa Teresa de Jesús, Quevedo, Lope de Vega, Tirso de Molina, Calderón o Cervantes. En la segunda parte del *Quijote* tenemos, por ejemplo:

> Así era discreta como bella, y era la más bella del mundo, y lo es, si ya los hados invidiosos y las parcas endurecidas no **la** han cortado la estambre de la vida.

De la misma forma, Lope de Vega, en *La Dorotea*, escribe:

> Criela en estos brazos; nadie como yo es testigo de sus perfecciones. A fe que, aunque se pare colorada, que **la** he dado algunos azotes en esta vida.

Este uso, que nunca llegó a asentarse en Andalucía (y por tanto no viajó a América), sí que permanece hasta hoy muy famosamente en Madrid, pero también en áreas de Castilla y León y Cantabria junto al loísmo, en mucho menor grado, pues nunca llegó a ser especialmente frecuente, aunque sí que hay ejemplos, como este de santa Teresa:

> Yo **los** dije que después de misa nos tornásemos a juntar y se determinaría.

### *La revolución fonológica*

En este capítulo vamos a comenzar a hablar del conocido como reajuste de las sibilantes, a menudo llamado la revolución fonológica del Siglo de Oro y otras variantes más o menos rimbombantes. Ojo, no niego la importancia del reajuste: efectivamente es **el último gran cambio**

**de sonidos entre el castellano medieval y el español actual**, afecta nada más y nada menos que a seis de los antiguos fonemas, y va a crear una de las diferencias más características entre el español europeo y el americano: la distinción de *z* y *s* y el seseo; además, es una de las causas principales por las que el español actual suena mucho menos parecido que otras lenguas romances como el italiano, el catalán o el portugués (dicho de otra forma: el castellano medieval sonaba más a estas lenguas que al español actual).

Según a quién preguntes, este es el tema más complejo (o como mínimo está en el top 3) de la asignatura de Gramática Histórica. Por supuesto, nosotros vamos a tener que simplificarlo, pero, aun así, se vienen algunas curvas. Aunque el reajuste de las sibilantes suela estudiarse ya al final del curso y tenga en su apodo lo de *Siglo de Oro*, realmente, **como casi todos los fenómenos del español clásico, es algo que ya venía cociéndose desde la Edad Media**; sí que es cierto que fructifica definitivamente en estos siglos, pero va habiendo indicios unos siglos antes, probablemente ya a partir del siglo XIV.

Lo primero es dejar claro cuáles eran los fonemas sibilantes. Además del representado por *ch*, que no cambia desde los inicios y por tanto podemos dejarlo tranquilo, había en época alfonsí seis fonemas sibilantes bien diferenciados en la pronunciación y en la escritura.

Estos seis fonemas se distribuyen en tres articulaciones que forman pares mínimos según si vibran las cuerdas vocales (en cursiva) o no; por tanto, 3 × 2 = 6. Recordémoslo con un cuadro parecido al que ya vimos en su momento, y fíjate en esos pares mínimos:

| Transcripción | Ortografía | Ejemplo |
|---|---|---|
| s | *s* (*ss* intervocálica) | *osso* (animal) |
| *s* | *s* (solo intervocálica) | *oso* (del verbo *osar*) |
| sh | *x* | *fixo* 'fijo' |
| *sh* | *i, j* (*g* ante *e, i*) | *fijo* 'hijo' |
| ts | *ç* (*c* ante *e, i*) | *decir* 'descender' |
| *ds* | *z* | *dezir* 'decir' |

De estos seis fonemas, solo uno se va a conservar tal cual (el de *osso*); todo lo demás va a sufrir transformaciones y fusiones, de modo que en el español actual europeo tenemos solo tres: el de *s* (*oso*), *j* (*fijo*, *hijo*) y *z* o *ce*, *ci* (*decir*), y en el americano, aún menos, solo dos: el de *s* y *z* por un lado y el de *j* por otro. Especialmente bien en el europeo vemos que los seis se han reducido a tres al fusionarse las parejas que en la Edad Media se distinguían por la vibración o no de las cuerdas vocales. Este sería el resumen del reajuste de las sibilantes, pero obviamente hay mucho más.

Antes de proceder, convengamos algo. Aunque no sin sus problemas, a veces se habla de la **variedad *atlántica*** para englobar los rasgos comunes del español de Andalucía, las Islas Canarias e Hispanoamérica en oposición al **español *europeo* o *peninsular*** (aunque también englobaría las Islas Baleares). Entonces, nosotros al menos aquí vamos a oponer *atlántico* para andaluz-canario-americano y *europeo* para peninsular (exceptuando Andalucía) y balear. Como digo, esto cae en simplismo y otros inconvenientes, pero es la manera más breve y cómoda.

Podemos considerar que el reajuste es un dominó de cambios como ya hemos visto en otras ocasiones. Ahora bien, **¿cuál fue la primera pieza en caer e iniciar los subsiguientes pasos?** Probablemente, la simplificación de /ts/ y /ds/ en /s/ y /s/, respectivamente. Esto es casi lo mismo que ocurre hoy muy famosamente en Cádiz con la pronunciación de por ejemplo *muchacho*, que pasa a *mushasho*; en transcripción estricta, lo escrito con ch es {tʃ}, que se simplifica en {ʃ}.

Simplificaciones como estas no son exclusivas del español, por supuesto. También el portugués, el francés, el occitano o el catalán las han tenido históricamente. Veamos por ejemplo el caso del francés... ¡a través del inglés!, que probablemente sepas que tiene mucho vocabulario heredado del francés.

En francés medieval, *ch* se pronunciaba aún como nuestra *ch*, que posteriormente se simplificó *a la gaditana*, y esa es la pronunciación actual ¡desde el siglo XIII! El inglés *chain* procede del francés de *antes* de la simplificación, como podemos ver por la pronunciación —digamos— fuerte de *ch* (por cierto, *chain* procede de CATENA con muchísima evolución: no solo sonorización de T intervocálica, sino ¡pérdida total!, y tendencia antihiática que hace que -A(T)E- pase a *-ai-*, además de por supuesto ser la única lengua romance grande que cambia C a *ch* ante *a*: CASA es *casa* en español, italiano, catalán, portugués... pero da *chez* en francés; igual con *caballo* y *cheval*, etc.). En cambio, el inglés *chivalry* (del francés *chevalerie*) se introdujo después del siglo XIII, cuando en francés *ch* ya sonaba como *sh*. Incluso tenemos dobletes: *chief* 'jefe, líder (militar)' fue un préstamo muy temprano y por eso en inglés conserva la pronunciación fuerte, mientras que *chef* 'jefe de la cocina' se introdujo muy tardíamente (¿siglo XIX?), ya con la pronunciación *sh*. ¡Ah, la cronología relativa!

Quien recuerde por ejemplo la ley de Grimm quizá esté pensando: «Ahhh, ¡y ahora hay un nuevo cambio para que esas /s/ y /s/ procedentes de simplificación no se mezclen con las de *osso* y *oso*!». Bueno, sí y no. Poco a poco...

Lo cierto es que la «*s* típica castellana» es diferente de la atlántica aún hoy, hasta el punto de que en Hispanoamérica, cuando quieren (hiper)caracterizar a un español, suelen pronunciar la *z* muy exagerada —esto era fácil de suponer—, pero también pueden pronunciar la *s* más como *sh*. Eso refleja que, a sus oídos, la «*s* típica castellana» es más cercana a *sh* que a su *s*. Y esto tiene su base histórica.

Por ejemplo, *osso* (actual *oso*, el animal), los andaluces y americanos (y los canarios, ¡no nos olvidemos de ellos!) lo pronunciamos con la **lengua relativamente plana**, mientras que el español peninsular centronorteño lo pronuncia con la **punta de la lengua hacia arriba**, lo que le da esa sensación de «parecerse a *sh*» a oídos hispanoamericanos, pero también anglófonos y otros extranjeros. Esto ya era así desde el castellano medieval.

Entonces, tenemos la /s/ y la /*s*/ primarias, ambas con la punta de la lengua (el ápice; adjetivo: *apical*) hacia arriba. Ahora viene la cosa: los resultados simplificados de /ts/ y /*ds*/ *no* eran apicales, sino con la lengua plana como hemos dicho que es la *s* atlántica (esto lo vamos a representar con una mesita —que es plana— debajo del símbolo: /s̻/). Por tanto, los sonidos primarios y los secundarios procedentes de la simplificación eran diferentes, por lo que en principio no había necesidad de cambiar nada para mantenerlos diferentes (¡porque ya eran diferentes!). Podemos resumirlo así:

- Primarios: /s/ y /*s*/
- Secundarios: /s̻/ y /s̻/ < /ts/ y /*ds*/

La simplificación de estos dos sonidos debía de ser ya general a finales del siglo XV, y es de suponer que solo la pronunciación sumamente educada y esmerada seguía conservando /ts/ y /*ds*/.

En este punto, el siguiente paso fue la neutralización de los pares mínimos según la vibración de las cuerdas vocales: **los seis fonemas sibilantes quedaron reducidos a tres**, de modo que por ejemplo *osso* y *oso* ya sonaban exactamente igual. O sea, nos quedamos con solo tres fonemas, en los que no vibran las cuerdas vocales (sin cursiva): /s/ (*osso*, *oso*), /s̺/ (*decir*, *dezir*) y /sh/ (*fixo*, *fijo*). Esto debía de ser ya el caso general a mediados del siglo XVI.

Una de las causas que suelen mencionarse para el reajuste es, precisamente, que en este punto nos encontramos con tres fonemas que, en cuanto fonemas, deben distinguir palabras, pero que, sin embargo, se pronunciaban de forma tan similar y se oían tan parecidos que todo apunta a que van a acabar confundiéndose. Recordemos: entre /s/ y /s̺/ solo cambia la posición de la punta de la lengua, por lo que son sonidos muy similares, y a su vez /s/ suena muy parecido a /sh/; o sea, que los tres son prácticamente lo mismo: por así decirlo, los tres están muy cerquita unos de otros en un *continuum* de —digamos— aspereza.

Antes de la simplificación de /ts/ en /s̺/, los fonemas estaban suficientemente separaditos, pero ahora /s̺/ se mete en medio de los otros dos, creando poca distancia entre los tres. Podemos ilustrarlo de la siguiente forma:

| | | | | | |
|---|---|---|---|---|---|
| **antes** | **/ts/**<br>*decir,*<br>*dezir* | | **/s/**<br>*osso,*<br>*oso* | | **/sh/**<br>*fixo, fijo* |
| **después** | | | **/s/**<br>*osso,*<br>*oso* | **/s̺/**<br>*decir,*<br>*dezir* | **/sh/**<br>*fixo, fijo* |

La solución fue doble: volver a separar lo máximo posible los tres sonidos (norma toledana-madrileña y por tanto centronorteña: *europea*) o fusionar dos de los sonidos para al menos dejar suficiente separación entre los dos restantes (norma sevillana y por tanto andaluza, canaria y americana: *atlántica*).

## *La solución distinguidora*

Tal y como lo hemos dejado en el capítulo anterior, el reajuste de las sibilantes ya no va a perder fonemas en la evolución centronorteña, sino que va a transformar dos de ellos. Según el razonamiento de que el problema estaba en que los tres sonidos estaban muy cerca los unos de los otros, la solución era separarlos... literalmente: alejar el punto de articulación, es decir, la zona de la boca en que la lengua modula el aire para pronunciar un sonido u otro.

Los nombres no entran en el examen, sino que son meramente ilustrativos. Ahora mismo tenemos una consonante predorsodental (con la lengua contra los dientes), una apicoalveolar (con el ápice contra los alveolos) y una prepalatal (con la lengua contra la parte entre los alveolos y el paladar); **estas tres zonas comprenden como el 20 % de la cavidad bucal, por lo que hay mucho espacio para separar.**

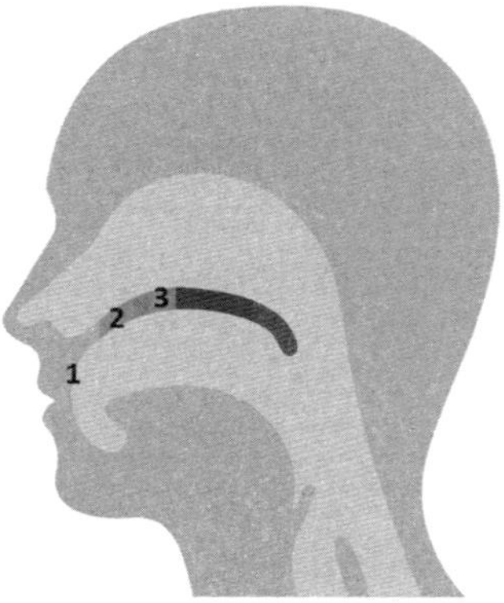


1) predorsodental (con la lengua contra los dientes);
2) apicoalveolar (con el ápice contra los alveolos;
3) prepalatal

La separación se hizo de forma tan eficiente que parecería que alguien se puso a pensarla bien en un laboratorio de fonética para a continuación anunciar: «¡Tengo la solución al problema! ¡Por fin, la conclusión del reajuste de las sibilantes!». De estos tres sonidos, **/s/, el que estaba en medio, en los alveolos, se quedó donde estaba, y fueron los otros dos los que tuvieron que alejarse.**

La /s̪/ dental se fue más hacia el exterior de la boca, haciéndose interdental, o sea, asomando la lengua por entre los dientes: se trata de la /z/. Esto es un cambio considerable, pues hasta entonces la lengua había estado siempre dentro de la boca, y ahora salía de ella; incluso este nuevo sonido ya no era sibilante, lo que contribuía a aumentar la diferencia con la /s/ que había permanecido en su sitio.

En cambio, la /sh/ fue retrasándose: como había mucho hueco por detrás en la boca, se fue tan atrás como hasta el velo del paladar o paladar blando (no confundir con el paladar duro, que está antes). Y así nació el sonido de la /j/, muy separado de los otros dos y tampoco sibilante, con lo que la diferencia entre los tres era absolutamente imposible de confundir. ¡Conseguido!

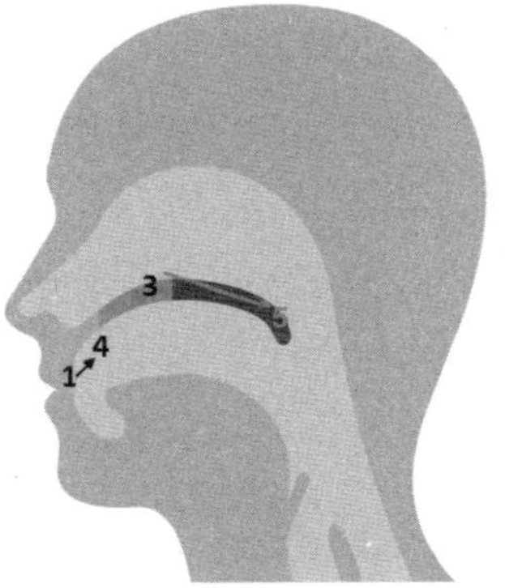


4) interdental; 5) velar

Estos dos cambios tienen su cronología y sus detalles, así que vamos a ello. **El cambio de /s̪/ a /z/** fue —como todos los cambios, al fin y al cabo— gradual. Ya hay indicios a finales del siglo xv, pues hay textos en español escritos en alfabeto árabe que usan la letra ṯāʾ (que representa /z/) para palabras como *ciento* o *cinco* en lugar de alguna otra letra que represente un sonido más parecido a /s̪/. En el siglo XVI ya empieza a compará rsela con la θ griega.

Lo curioso es que los gramáticos ingleses no comparan el sonido de *cinco* con el del inglés *think* hasta al menos el siglo XVII. ¿A qué se debe? Además de que los gramáticos extranjeros podían tener diversos sesgos como que lo que ellos habían aprendido es que *cinco* era {s̪ín.ko} (o incluso {tsín.ko}) y por tanto pudieran tardar en reconocer la evolución a {zín.ko}, ya hemos dicho que los cambios son graduales, y hemos de suponer que el movimiento desde la posición dental hasta la interdental fue paulatino, como si la lengua fuera una babosa que va deslizándose por la boca a través de los años. Todo apunta a que durante las etapas intermedias el sonido no era ni /s̪/ ni /z/, sino algo más parecido a algunos tipos de ceceo andaluz (que no es propiamente pronunciar *s* como *z*, sino algo intermedio). Más sobre seseo, ceceo y demás variantes, en el siguiente capítulo.

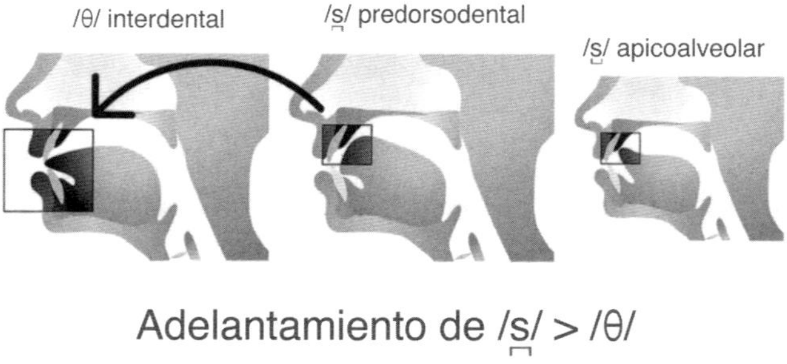


Paso de la /s̪/ a la /θ/; para comparar la situación inicial,
a la derecha tenemos la /s/ apicoalveolar castellana,
muy cerca de la zona de la /s̪/

El último paso, cronológicamente hablando, fue el **de /sh/ a /j/**, que no empieza a dejarse ver hasta el siglo XVI, aunque no se considera la pronunciación consolidada hasta el siglo XVII. Ahora bien, una pregunta que sale a relucir a este respecto es: **el título del *Quijote* en su fecha de publicación (1605), ¿lo habrían leído con /j/ o aún con /sh/?** Yo mismo publiqué un vídeo leyendo el comienzo de la obra como lo habría hecho Cervantes (o sea, leyendo esencialmente tal y como leemos hoy); aparte de la posibilidad de que Cervantes no fuera yeísta, la única posible diferencia era la pronunciación de *Quixote* como {ki.shó.te}, no como {ki.jó.te}.

Precisamente, uno de los razonamientos para afinar la cronología del cambio es mirar cómo se escribió el título en las traducciones a otras lenguas. Por ejemplo, el francés *Quichotte* y el italiano *Chisciotto* dan a entender la pronunciación con {sh}, mientras que el alemán *Kichote* da a entender la pronunciación {j}.

Nuevamente, hemos de considerar que el cambio fue gradual a través de la boca, con un paso intermedio de {ç}, que es el sonido del alemán *ich* o *bisschen* (no confundir con {j} de *Buch* ni con /sh/ de *Stunde*). Justo vemos que el alemán escribe *ch* para sus dos alófonos {ç} y {j}, y es probable que en el español de la época el antiguo fonema /sh/ estuviera variando entre aún {sh} y sobre todo {ç} y {j}.

¿Cómo explicar que el italiano y el francés lo escribieran con sus grafías para /sh/? Esto es bien sencillo: en estas dos lenguas no hay ningún sonido parecido a

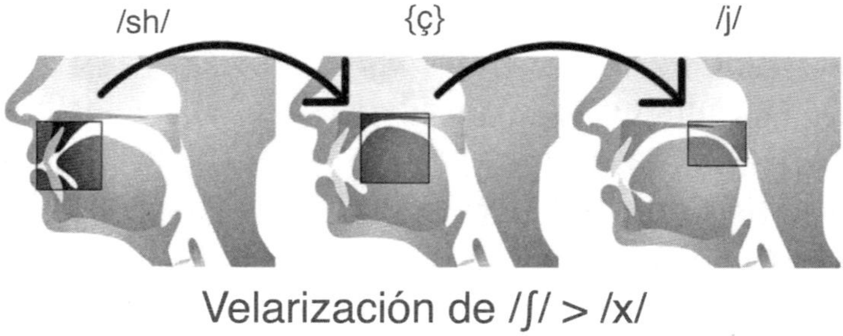


Atrasamiento paulatino de /sh/ hacia /j/;
durante el siglo XVI y aún en el XVII debían de estar variando las tres pronunciaciones hasta asentarse {j}

{j}, pero sí que hay /sh/; si a esto le sumamos, de nuevo, el sesgo de que los franceses e italianos aprendían que la antigua *x* española se pronunciaba {sh}, ellos obviamente iban a escribir el título en consecuencia. En alemán, lengua que tiene tanto el fonema /j/ como el fonema /sh/, se decidió la escritura *Kichote*, que representa /j/. Eso sí, en este razonamiento puede haber algo de fullería, ya que el *Quijote* se publicó en 1605, pero la traducción alemana, aunque de 1621, no se publicó hasta 1648, por lo que esto solo demuestra la pronunciación {j} *en 1648*, no necesariamente en 1605 ni aun en 1621 (¿en 1648 se publicó con el título como se había escrito en 1621, o modernizado según la pronunciación de 1648?).

Por su parte, la traducción inglesa se publicó aún en vida de Cervantes, en 1612, y apareció como *Quixote*. Esto nos dice poco, ya que en inglés *x* en esa posición representa /ks/, por lo que hemos de suponer que la grafía simplemente copiaba la española. Curiosamente, la ilustración de portada de la segunda parte (publicada en 1620) escribía *Quichote*, quizá por influencia de la traducción francesa de 1614. Pero, en definitiva, del inglés, que también tenía /sh/ y /h/ (similar a la /j/ española) y además se publicó muy temprano, por lo que podría servirnos de argumento, no podemos sacar nada, pues para {sh} podría haber escrito *Quishote* y para {h ~ j} podría haber escrito *Quihote*, pero no tenemos ninguna de las dos.

Siguiendo con los sesgos y prejuicios, si aceptamos la teoría que dice que el paso de /sh/ a /j/ es de origen andaluz, es posible que al norte de Andalucía hubiera más resistencia a esta pronunciación, además del tiempo que pudiera necesitar como cualquier otro cambio para difundirse.

En cualquier caso, parece difícil decir si el propio Cervantes habría pronunciado el nombre de su obra con {sh} o con {j}, pero, a grandes rasgos, el reajuste distinguidor puede resumirse en el siguiente gráfico:

| | **intdent.** | **dental** | | **apicoalveolar** | | **prepalatal** | | **velar** |
|---|---|---|---|---|---|---|---|---|
| ← XV | | ts > s̪ | *ds* > s̪ | s | *s* | sh | *sh* | |
| XVI | | s̪ | | s | | *sh* | | |
| XVII → | z | ← | | s | | → | | j |

Hay que hacer una aclaración, que de paso nos vale para hablar de **la famosa grafía de México por Méjico**. Pero sigamos primero con lo del *Quijote*. Quien no haya prestado mucha atención a lo largo del libro quizá haya pensado que la cuestión de la pronunciación del título es fácil de resolver: cuando se escribía *Quixote* debía ser con {sh} y cuando ya se empezó a escribir *Quijote* es porque ya se pronunciaba con {j}. A ver, no.

Ya hemos dicho varias veces que **la grafía suele tardar decenios o incluso siglos en reflejar un cambio de pronunciación**, por lo que ese razonamiento no es válido. De hecho, durante todo el periodo clásico el fonema /j/ va a seguir representado por *x*, la misma letra que en castellano medieval representaba /sh/. No será hasta tiempos de la RAE cuando el fonema /j/ empiece a escribirse con *j*.

Aclarado eso, vamos a lo de *México*. Obviamente, que escribamos *México* con *x* pero lo pronunciemos con /j/ (y lo mismo por ejemplo con *Texas* u *Oaxaca*) tiene que ver con todo esto del reajuste, así que no voy a repetirme mucho: al principio se escribía *México* porque se pronunciaba {mé.shi.ko} siguiendo la pronunciación nativa, y, con el reajuste y la modernización de la ortografía posterior, {mé.ji.ko} pasó a escribirse *Méjico*, igual que *dixe* pasó a *dije*.

Sin embargo, esta novedad ortográfica (de 1815) coincidió con el proceso de la independencia de México (1810-1821), por lo que la conservación de la grafía con *x* fue una muestra más de resistencia frente a España y lo español (y, claro, la Real Academia Española). Aunque la RAE recomendó en un principio la grafía con *j*, hoy en día, aunque sigue aceptándola, prefiere la grafía con *x*.

Ya para acabar, **los desajustes del reajuste**. Como cuando montas un mueble y al acabar te encuentras con que te han sobrado unos pocos tornillos, así hubo algunas palabras que se quedaron fuera del reajuste o, por decirlo más exactamente, se reajustaron de una forma que no era la que les correspondía, como por ejemplo tijeras (de TONSORIA habríamos esperado *tisera[s]*), *jabón* (compara con el inglés *soap*) o *injerto* e *injerencia* (familiares de *insertar*); me gusta bastante *cosecha*, que propiamente habría sido *cogecha* (forma, de hecho, documentada) por ser de la misma raíz que *coger*.

Especialmente interesante es la **evolución de los pronombres *gelo(s)*, *gela(s)*, que pasan definitivamente a *se lo(s)* y *se la(s)***. En este caso entran en juego al menos dos factores: el propio reajuste (y desajuste) fonético y la analogía con las formas existentes *se lo(s)* y *se la(s)* cuando *se* era etimológico (del latín SE, reflexivo, como en *él se lava [a sí mismo]*). Nótese que en una secuencia como *se lo doy [a él]*, el pronombre *se* no es reflexivo porque la acción no recae en el sujeto (*yo*), sino en el objeto indirecto (*a él*); esto además puede comprobarse en que si digo *le doy el reloj*, entonces es *le*, pero, si cambio *el reloj* por el pronombre *lo*, *le* «se transforma» en *se*. Por tanto, este tipo de *se* es, por así decirlo, espurio. ¡Pero así funcionan las lenguas!

### *La solución seseante (y variantes)*

En este capítulo veremos cómo se resolvió el reajuste de las sibilantes en su modalidad seseante, lo cual nos da dos resultados en lugar de los tres que acabamos de ver en la solución distinguidora. Aquí entra en juego algún que otro paso adicional, pero, como los procesos más importantes ya están explicados en el capítulo anterior, **aquí podremos centrarnos en los aspectos que llevaron al seseo y al ceceo (y otras variantes como el heheo)**. Y veremos si todo esto tiene o no que ver con un rey que ceceaba, y por qué nos interesa el verbo *joder* en todo esto.

Los primeros indicios de confusión entre /s/ y /s̺/ los tenemos tan temprano como el siglo XIV, y ya el sevillano Juan de Padilla, de la segunda mitad del siglo XV, rimaba *meses* con *veses* (sic), *dehesa* con *reza* y *recibiesses* con *padeçes*. Aquí es importante recalcar que, en principio, damos por sentado que la fusión entre /s/ y /s̺/ resultó en que esta última absorbió a aquella, pero de primeras no sabemos si /s̺/ tenía ya algún alófono ceceoso origen del ceceo (porque, sí, el ceceo y el seseo no son más que variantes de un mismo fenómeno).

Como, al fin y al cabo, todo esto se basa en la fusión de /s/ y /s̺/ (actuales /s/ y /z/ respectivamente en las variedades distinguidoras), **lo más apropiado sería hablar de *indistinción***, salvo que estemos hablando específicamente del seseo, del ceceo u otra variante del fenómeno de la indistinción.

Esto viene al caso porque precisamente la primera referencia metalingüística al respecto alude a un tal Luis

Marín, de Sanlúcar de Barrameda (Cádiz), de quien se dice en el siglo XVI que «çeçeava un poco como [si fuera] sebillano». Aquí hay que tener en cuenta que, antiguamente, çeçear (y demás variantes gráficas) era hablar con algún defecto fisiológico (en general, pero típicamente por frenillo); además, çeçear también podía ser una pronunciación afectada más o menos intencional propia de galanes y damas coquetas. O sea, **tenemos un antiguo ceceo negativo (por defecto fisiológico) y uno positivo (por coquetería), que además tenían realizaciones fonéticas diferentes** por mucho que se llamaran igual.

Probablemente la primera mención sea esta de Alfonso X, que relata lo siguiente sobre Moisés (del que los teólogos y otros estudiosos conjeturan que sería tartamudo, entre otras posibles interpretaciones):

> Maestre Pedro cuenta que ascuas solas fueron las quel' aduxieron, e esto fue un fuste encendudo con un ascua en somo, e pusiéronle aquel en la mano, e él que le levó a la boca e quemós' en somo de la lengua de guisa que d'allí tomó porque siempre **ceceó** después cuando fablava, e fue por ende tartamudo. [...] fue Moisén omne muy razonado e de muy buenas razones, peró que embargado de la lengua, como avedes ya oído.

Por el contexto, podemos entender que *cecear* está usado no con el significado actual, sino más bien con el antiguo de 'pronunciar con defectos', y prácticamente se iguala cecear con ser tartamudo (o ser tartamudo es una posible consecuencia de cecear); también Nebrija dice que *cecear* tiene que ver con BALBUTIO, o sea, con *balbucir* como sinónimo de *tartamudear.*

Por su parte, el significado de que el rey Pedro el Cruel (siglo XIV) «çeçeaua vn poco en la fabla» (de donde sale la leyenda urbana bastante difundida en EE. UU. de que los españoles —en contraposición a los hispanoamericanos— «ceceamos») debía de ser o bien este (que tartamudeaba) o, de hecho, más probablemente el otro: que *ceceaba coquetamente*, como algo positivo, que haría referencia a algo más parecido al actual seseo.

En cualquier caso, a partir de estos significados primarios, por esta época *cecear* empezó a utilizarse para la indistinción (en ambas direcciones: actual ceceo y actual seseo), como recoge Covarrubias en su famoso *Tesoro de la lengua castellana o española* (1611):

> [Cecear es] hablar pronunciando la ç por la s como por señor dezir çeñor. Otros tienen el vicio en contrario, que pronuncian la s por la ç como sebolla por cebolla. En el libro de los Juezes c. 12 leemos aver sido muertos en cierto passo del río Jordán quarenta y tantos mil hombres de los de Efraín por los

> galaaditas forçándoles a pronunciar esta dicción: schibbolet; y, respondiendo ellos sibbolet, los matavan, conociéndolos por la lengua como nosotros conocemos los que son moriscos, con hazerles pronunciar cebolla, y ellos dizen sebolla.

O sea, que en un sentido más metalingüístico, en principio *cecear* era pronunciar ya fuera con el antecedente del actual ceceo, ya fuera con el del actual seseo (de hecho, el término *sesear* es posterior, del siglo XVII, para referirse al seseo específicamente valenciano).

Como adelantamos en el capítulo anterior, el ceceo no consiste necesariamente en pronunciarlo todo como /z/ (interdental, sacando la lengua entre los dientes), sino como una especie de /s/ en que el ápice hace contacto en diversos puntos justo antes de llegar a ser interdental o ya como interdental.

No sabemos cuál era la distribución geográfica o social del ceceo y del seseo en época clásica (¿era más o menos similar a la actual, o totalmente distinta?), pero sí **podemos suponer que Sevilla capital era típicamente seseante, ya que desde allí esa fue la pronunciación que fue a las Islas Canarias y a América**. Además, como centro neurálgico del trato con América, la norma seseante ha sido siempre la prestigiosa frente a la ceceante, aún incluso hoy más o menos estigmatizada.

Precisamente por ese estigma, los hablantes ceceantes, cuando interactúan con uno distinguidor o en situaciones más o menos formales, pueden llegar a pronunciar con ceseo o seceo, es decir, intentando distinguir /s/ y /z/; sin embargo, al no ser algo propio de su pronunciación cotidiana, pueden pronunciar /s/ donde debería ser /z/ y viceversa. También los hablantes seseantes pueden caer en esto; pero, no estando el seseo estigmatizado, es menos frecuente. Otro fenómeno es el del heheo, que consiste en pronunciar con {h} lo que en pronunciación distinguidora habría de ser /s/ o /z/; de esta forma, *sí* sería {hí}, y *cero* sería {hé.ro}. Esto es menos frecuente y no se da siempre ni siquiera en un mismo hablante heheante, en una misma palabra ni en un mismo contexto.

Con esto, parecería que ya está explicado el reajuste en la variedad no distinguidora, ¡pero aún no! Como vimos al hablar de la evolución de F- latina, en una primera fase pasó a una aspiración y finalmente desapareció: F- > /h/ > ø (o sea, cero, nada). Sin embargo... **¡la aspiración nunca murió del todo!** Aún hoy hay variedades (principalmente rústicas) en que se sigue aspirando la *h* procedente de F- latina (pero no de *h*), o sea, tal cual en la Edad Media.

La aspiración se conservó en cierto grado principalmente en Andalucía. En el momento del reajuste de /sh/, en esta región no pasó a /j/, sino que —podemos decirlo así— fue aún más al fondo y se hizo glotal, de hecho mezclándose con la {h} procedente de F- latina que aún se conservaba; o sea, que **en Andalucía seguía habiendo una {h} que podía ser antigua (procedente de F- latina) o nueva (de la evolución de /sh/)**.

Digamos que existiría conciencia general de que en Andalucía la /j/ castellana se pronunciaba {h}, no {j}, pero que al fin y al cabo era el mismo fonema pronunciado de forma distinta: *jamón* es *jamón* sea {ha.món} o {ja.món}. Ahora bien, algunas palabras que tenían {h} no equivalente a {j}, sino procedente de F- latina, a partir de esta pronunciación andaluza aspirada, pasaron al español general con esa aspiración, pero pronunciada (y escrita) a la castellana.

Esto es más difícil explicarlo que verlo con ejemplos: del latín FAMELICU ('hambriento') tenemos hoy *jamelgo* ('caballo flaco'); la evolución castellana habría sido **hamelgo* {a.mél.go}, igual que tenemos *hambre*, pero esta palabra concreta pasó a la lengua a través de la pronunciación andaluza, en la que la {h} andaluza procedente de F- se igualó con la /j/ castellana procedente de la /sh/ medieval. Otro caso es el de *joder*, que habría dado **hoder* {o.dér} por proceder de FUT(U)ERE (ahí tenemos el portugués *foder*).

Más allá de casos como estos de la lengua general, aún hoy puede usarse una aspiración etimológica con finalidad expresiva. Esto lo hacen incluso hablantes que en su pronunciación cotidiana no aspiran. Así, la *hambre* con aspiración (y por tanto le corresponde el artículo *la*, ¡importante!) es una mucho más acuciante que el hambre normal, y el *higo* con aspiración hace referencia indiscutible a los órganos sexuales femeninos.

Como conclusión-resumen, el reajuste no distinguidor fue así:

| | **dental** | | **apicoalveolar** | | **prepalatal** | | **glotal** |
|---|---|---|---|---|---|---|---|
| ← XV | ts > s̪ | *ds* > s̪ | s | *s* | sh | *sh* | h < F |
| XVI | s̪ | s̪ | | | sh | | h |
| XVII → | s̪ | | | | | | h |

Con esto ya tenemos explicadas las dos soluciones principales del reajuste de las sibilantes, lo que nos deja con el núcleo de la lengua con muy pocos cambios pendientes hasta el español actual.

# MODERNO

A estas alturas, los cambios más importantes ya están consumados. Por supuesto, en cuanto que las únicas lenguas que no cambian son las lenguas muertas, el español sigue evolucionando sin prisa pero sin pausa, pero la lengua del siglo XVIII en adelante (el periodo de esta última parte del libro) es en su mayor parte casi igual que la del XXI.

Naturalmente, dependiendo del texto que tomemos podemos encontrar un lenguaje más relamido o pedante para las sensibilidades actuales, así como palabras y algunos giros hoy ya desusados o con un claro regusto viejuno. Pero esto no quita que la lengua sea esencialmente la misma que la de hoy: como dicen unos cuantos lingüistas, para inicios del siglo XVIII, la lengua ya había alcanzado «su estabilidad» (que no perfección, ni en su significado habitual ni en el etimológico).

## *Limpiar, fijar y dar esplendor*

A principios del siglo XVIII se crea la Real Academia Española, concretamente en 1713, con la idea soberbia —de la que ya había pecado Nebrija— de que **la lengua ya había llegado a su cénit**, por lo que ahora había que limpiarle alguna que otra pelusilla, fijarla en su magnífico y perfectísimo estado y con todo ello darle el esplendor que se merece.

Los académicos empezaron a trabajar en el ***Diccionario de la Lengua Castellana*, más conocido como *Diccionario de Autoridades* porque incluía ejemplos ilustrativos de los grandes autores** que hacían de autoridad para refrendar tal o cual significado: «Como basa y fundamento de este Diccionario, se han puesto los Autóres que ha parecido à la Académia han tratado la Léngua Españóla con la mayor propriedád y elegáncia: conociendose por ellos su buen juício, claridád y proporción, con cuyas autoridades están afianzadas las voces».

Por ejemplo, si uno busca la palabra *buitre*, encontrará una definición razonable de lo que es un buitre (lo esperable de un diccionario), pero también su etimología y otras apreciaciones más ajenas a un diccionario al uso: «Viene del Latino *Vultur*, que significa esto mismo: y aunque por esta razón debiera escribirse con *v*, diciendo Vuítre, el uso comun y generál es con *b*». Y, por supuesto, la cita de la autoridad que justifica el uso, por ejemplo de *Las zahúrdas de Plutón* de Quevedo: «La pena de los despenséros era que, como à Ticio le come un buitre las entrañas, à ellos se las descarnaban dos aves que llaman Sisónes».

Con los medios de la época, fue sin duda esta una tarea titánica: tanto, que empezó a publicarse en 1726 (primer tomo, letras A y B) y no terminó hasta 1739 con el sexto tomo, con un total de casi 70.000 entradas.

En 1741 se publicó la *Orthographía Española*, y en 1771, la *Gramática de la Lengua Castellana*. Sin duda llama la atención ese ir y venir de Castellana del diccionario, luego Española y una vez más Castellana. Y quizá llame aún más la atención esa Orthographía, por supuesto una grafía muy etimológica, pero que no hace sino poner especialmente de manifiesto uno de los diversos problemas de esta primera «ortografía oficial».

Especialmente en la primera mitad del volumen, **lo primero que uno ve más que reglas ortográficas es muchísima perorata, muchísima diarrea verbal, muchísimo rodeo y preámbulo para cada cosita**; siendo generosos e indulgentes, mucho contenido «enciclopédico» más que propiamente lingüístico. Pero ese no era el principal problema, sino la constante sensación de que los académicos no terminaban de mojarse en cuestiones que fueran mínimamente polémicas o debatidas, lo que además ocasionaba que **las supuestas reglas fueran incoherentes y carentes de cohesión y sistematización**. Esto queda muy claro en por ejemplo este fragmento sobre la letra hache:

> En algunas voces, que vienen del Griego, ó Hebréo, se escribe *H* despues de la *C*, aunque se pronuncie como *K*,

> *v. g.* châridad, Christo, Patriarchâ... De esta regla debemos exceptuar las voces *cariño*, y *caricia*, que si bien la razon es la misma que en *châridad*, de quien se derivan, el uso comun las ha quitado el *H*, que conserva en los otros derivados *châro*, y *chârissimo*. Para que en lo escrito sea conocida la distincion de estas dos pronunciaciones, quando la *ch* se pronuncia como *K*, se tildará la vocal, que se sigue con esta nota (^).
>
> Despues de la *R* se suele poner *H* en aquellas voces, en que á su modo aspiraban los Griegos las consonantes: como en *Rheuma*, *Rhitmo*, *Rhombo*.
>
> Mas abundante de voces es la composicion de la *TH*, y nuestros escribientes, é Impresores la han usado con mas freqüencia, y en algunas palabras comunes, como *theatro*, *thesoro*, *throno*. El poner la *H* despues de la *R*, y la *T* en las voces dichas, y otras semejantes será erudicion; pero el omitirla no será gran falta de Orthographía.

O sea, que *rh* y *th* se pueden usar para mostrar erudición (es decir, para ser pedante), pero que *no pacha nada* si no se pone. Ah, pero ¡ay de aquel que no escriba *ch*!, que además obliga al terrible parche del acento circunflejo para distinguir la pronunciación helénica {k} de la usual patrimonial como en *chico*; y, por supuesto, esto tiene excepciones como *cariño* y *caricia*... porque... porque sí.

Todo esto, por no hablar de que las reglas eran de esas que yo llamo ***reglas fantasmas*, porque solo sirven para quienes ya las conocen y no las necesitan**. Normalmente, tras un larguísimo preámbulo enciclopédico, suelen darse un puñado de reglas, como, por ejemplo, sobre la zeta: «*Debemos usar la Z siempre que la haya en el orígen de las voces, como en* zelo, zéphiro, *y* zizaña». Gracias, oh, RAE. ¿Y qué pasa si uno no sabe si la había o no en el origen de las voces? ¿Qué tipo de regla es esta? Una que sirve para reafirmar a quien sabe, pero no para ayudar a quien no sabe.

Por supuesto, sería imposible ver todos los cambios, pero lo cierto es que la Academia tardó casi un siglo en poner cierto orden en la ortografía, pues no fue hasta la edición de 1815 que ya podríamos decir que las reglas ortográficas eran en su mayor parte como las actuales.

Entre los **fracasos de la ortografía española** (en cuanto que el ideal es que la ortografía sea lo más fonética posible: que haya una letra por cada fonema y un fonema por cada letra) permanecen la hache muda (una letra para ningún fonema), la distinción de *b* y *v* (dos letras para un fonema) y lo de *za*, *ce*, *ci*, *zo*, *zu* (y lo mismo con *ga*, *gue*...: dos letras para un fonema) por una parte y lo de *ca*, *ce*... por otra (una letra para dos fonemas).

En cualquier caso, una cosa es lo que prescriba la RAE (o cualquiera, para el caso) según reglas pergeñadas casi en un laboratorio y seguidamente impuestas, y otra cosa son los cambios reales de la lengua, que es lo que realmente nos interesa en este libro. Así pues, sigamos...

## *Simplificando simplificando, llegamos de* *h$_2$r̥tḱós *a* oso

Recuerdo que hace muchos años publiqué un artículo en el que comentaba los pormenores de un hecho inesperado para la mayoría de los hispanohablantes: el diccionario de la RAE recoge las formas ***setiembre*** y ***otubre*** (además de, por supuesto, septiembre y octubre). Ese artículo sí que levantó pasiones y encendió más de una antorcha y desempolvó más de una guadaña y horca.

Lo que vemos en *setiembre* y *otubre* no es más que la simplificación de grupos consonánticos, exactamente lo mismo que tenemos en *siete* (de SEPTEM) y por ejemplo en *sujeto* (de SUBJECTUM); pero por estas dos últimas palabras nadie se rasga las vestiduras, claro. Simple y llanamente, las formas con las que hemos crecido y a las que estamos acostumbrados están perfectamente bien, y todo lo demás es caca de la vaca y la *deztrusión más orrorosa del hidioma.* Si te tienes que quedar con solo una cosa de este libro que ya está llegando a su final, que al menos sea esta: **que las lenguas cambian constantemente, que el cambio lingüístico es inexorable, y que no, los jóvenes de hoy no hablan peor que nuestros padres o abuelos.**

Sea como fuere, en este capítulo vamos a ver un caso relativamente inusual en la evolución del español (y de las lenguas en general), porque lo más frecuente es que un cambio empiece entre los hablantes populares y vaya ascendiendo y expandiéndose a las capas sociales superiores hasta llegar a ser respaldado por los organismos oficiales u oficiosos de la lengua en cuestión (en nuestro caso, la RAE/ASALE). Y, sin embargo, el de la restitución de los grupos consonánticos es uno de los cambios al contrario: desde arriba hacia abajo, casi de laboratorio.

Como tantas veces, nos remontamos al latín. Como cualquier lengua natural, evolucionó dentro de su propia historia, pero también hacia atrás (desde el protoindoeuropeo) y hacia delante (hasta las lenguas romances). Un ejemplo bastante extremo es el del título: el protoindoeuropeo *$h_2$r̥tḱós se simplificó bastante hasta el latín *ursus*, y desde el latín tenemos la evolución española *oso*.

La raíz se conserva bastante mejor en el griego antiguo *árktos* (con metátesis), de donde tenemos el adjetivo latinizado ARCTICUS, de donde el español *ártico*, que literalmente sería 'osudo', y el contrario *antártico*. Es errónea la creencia —una especie de etimología popular— de que el nombre del *Ártico*, la *Antártida*, etc., se debe a la presencia o no de osos en esas zonas: es pura casualidad que en el Ártico sí haya osos y que no los haya en la Antártida. Pero, como en casi todas las etimologías populares, *algo* hay. El Ártico recibe su nombre no por los osos propiamente dichos, sino porque está hacia el norte, como la Osa Mayor (*Ursa Maior*); y lo contrario es la *Antártida* porque está en el opuesto de la Osa Mayor, o sea, hacia el sur.

Pero no hace falta irse a estos extremos. Si nos vamos a inscripciones arcaicas, vemos que grandes personajes tienen escritos en sus tumbas los cargos que ejercieron, como CESOR y COSOL en lugar de las formas clásicas CENSOR y CONSUL. Justo este es el tipo de simplificación que vamos a tener desde MENSA hasta *mesa* y en dobletes como *mes* y *mensual* o *esposo* y *esponsales*. Lo que ocurrió entre el latín arcaico y el latín clásico fue lo mismo que habría de pasar siglos más tarde en el español: **en una primera etapa, se simplifica un grupo consonántico** (NS > S); pero luego los hablantes cultos (la minoría por entonces), que tenían la suficiente conciencia de que eso debía ser NS y de que S era una *forma corrupta*, **fuerzan la restitución del grupo, con resultados positivos y negativos de una palabra a otra, de forma relativamente caprichosa e impredecible**. Algunos grupos se restituyen casi siempre; otros, a medias; y otros quedan simplificados sin excepción, como el que vemos en p. ej. SANCTUS > *santo*.

Por lo general, las lenguas romances heredan los grupos consonánticos ya simplificados del latín vulgar, y por eso en la Edad Media y todavía en el Siglo de Oro vamos a tener formas como *Egito* o *dotor* (por *doctor*). Esto tiene que ver con el concepto de la fonotáctica, que es algo así como la sintaxis pero de los sonidos: cómo pueden combinarse unos sonidos con otros en una lengua concreta.

La fonotáctica de las lenguas romances en general favorece enormemente que las sílabas acaben en vocal, no en consonante; y, si sí acaba en consonante, es normalmente *l*, *m*, *n*, *r*, *s* (las consonantes de *limoneros*), y se intenta evitar especialmente las consonantes de *petaca* y *bodega* (sí, ¡estas son reglas mnemotécnicas que usamos todos los filólogos!). Comprueba cualquier párrafo de este mismo libro y verás que es así todo el rato: la inmensa mayoría de las sílabas acaban sobre todo en vocal, y, si no, en *limoneros*, y solo rarísimamente en *petaca* o *bodega*.

En el caso del español, se ha calculado que el 72 % de las sílabas acaban en vocal, mientras que por ejemplo en inglés la estadística ronda solo el 40 %, con el añadido de que no hacen ascos a las *petaca* y *bodega*. ¡No es de extrañar que a los hispanohablantes nos cueste tanto pronunciar muchas palabras inglesas! Simplemente, el hispanohablante promedio no está acostumbrado, por culpa de las limitaciones de la fonotáctica del español, a determinados grupos de consonantes y determinadas consonantes a final de sílaba.

Justamente aquí está la cuestión: el español heredó del latín vulgar las palabras en las que predominan los grupos consonánticos simplificados y las sílabas acabadas en vocal (o *limoneros*). Sin embargo, la gente culta de España sabía latín y leía constantemente textos en esta lengua, y ahí **veían cosas como PACTUM o CONCEPTUS, los antecedentes de lo que ellos pronunciaban y escribían *pato* y *conceto*.**

Por ejemplo, en el siglo XVI ya Juan de Valdés hablaba de estas cosas: «quando escrivo para castellanos quito la *g* y digo *sinificar* y no *significar*, *manífico* y no *magnífico*, *dino* y no *digno*, y digo que la quito porque no la pronuncio»; y si comentaba estas cosas debía de ser que ya había como poco un runrún entre los hablantes cultos respecto a la discrepancia entre el latín y las formas españolas simplificadas, que ya algunos empezaban a restablecer, al menos en la escritura. Por su parte, ya hemos comentado que, en pleno Siglo de Oro, Quevedo rimaba sin problema *Egi(p)to* con *infinito*, y hasta el culterano Góngora lo hacía con *apetito*.

Ese runrún debió de ir haciéndose cada vez más pedante e intenso. Aunque ni los cultos pronunciaran las consonantes a final de sílaba, cada vez más gente las escribía *por respeto* al latín. Claro, como ya hemos visto en otras ocasiones, **pretender escribir lo que no se pronuncia puede resultar en faltas de ortografía**. Por ejemplo, hay documentado algún *rebto* por *recto*, una rima de *preceptos* con *electos* y quizá lo más flagrante: *sacerdocte* por el correcto *sacerdote*, un típico caso de ultracorrección probablemente influenciada por *dotor* ~ *doctor*.

En el «Discurso proemial de la Orthographía de la Lengua Castellana», los caprichos pedantes del académico Adrián Conink supusieron el inicio de la restitución relativamente sistemática de estos grupos consonánticos que llevaban simplificados durante siglos. En resumen, Conink abogaba por escribir los grupos cultos latinizantes, y va a más, sugiriendo incluso que se pronunciaban más o menos: «aunque en los dos vocablos doctor y doctrina parezca que la c está de más porque no se especifica con claridad cuando se pronuncian, estando corriente su uso, como lo está, en los más clásicos autores, no se debe desfigurar ni escribir sin la c».

**No hemos de pensar que se prescribía la escritura de los grupos consonánticos porque se pronunciaran, sino porque estaban en los étimos latinos.** Pero empezar a escribirlos por prescripción de la do(c)ta casa sí que fue la semilla de que empezaran a pronunciarse. Dicho de otra forma: estamos en un caso (más frecuente en otras lenguas como el inglés) en que la ortografía condiciona la pronunciación, cuando lo natural es lo contrario, que la pronunciación condicione la ortografía.

En 1844, la ortografía de la RAE se hace *oficial* en la enseñanza primaria española. Por esta época tenían también su importancia los manuales de ortología, que servirían para homogeneizar en buena medida la pronunciación de las variedades del español en España. La correcta pronunciación enseñada en estos manuales se basaba en la correcta ortografía de la RAE.

Y es aquí cuando comienza realmente la restitución de los grupos consonánticos cultos en la pronunciación. Poco a poco las nuevas generaciones de niños fueron practicando y aprendiendo a pronunciar los grupos consonánticos latinizantes que se llevaba ya años escribiendo pero aún no pronunciando. Como decía Navarro Tomás, se pretendía «**pronunciar todas las consonantes de las palabras según aparecen escritas en el diccionario académico, si bien relajando ligeramente la articulación de las implosivas**». Esto último es básicamente lo de *Madriz* por *Madrid* o que la consonante *petaca-bodega* de una palabra concreta acabe pronunciándose con otra (p. ej. *rezto* por *recto* u *optener* por *obtener*); incluso una palabra como *doctor* puede pronunciarse estrictamente —lo menos frecuente— como {dok.tór} o —más frecuentemente— con alguna variante como {dos.tór}, {doz.tór}, {dot.tór}, {doh.tór}... Eso sí, la pronunciación como *dotor* sí se siente actualmente como vulgar.

A grandes rasgos, podemos decir que la restitución triunfó, aunque no sin sus excepciones e incoherencias. Muchas de las palabras recuperaron la consonante perdida (p. ej. Egipto). Otras palabras crearon un doblete, como *práctica* y *plática*. En cambio, no pocas palabras se quedaron sin su grupo consonántico, como *delito* (de *delictu*, como se ve aún en delictivo) o *luto* (de *luctu*, como se ve en luctuoso).

Naturalmente, a nosotros todo esto nos parece que es *como debe ser*, simplemente porque con esas grafías y pronunciaciones e incoherencias y excepciones nos hemos criado. Por su parte, en la lengua portuguesa tomaron el camino inverso: en lugar de modificar la ortografía y a partir de ahí modificar la pronunciación, simplemente aceptaron la pronunciación simplificada y en consecuencia la escritura simplificada, y así tenemos *ótimo*, *ato* (por *acto*) o *direção*.

## *El yeísmo, el lleísmo, el zheísmo y el sheísmo*

Nos habíamos quedado en el inicio de la gran expansión del yeísmo en el siglo XVI. Vimos que, aunque el fenómeno se considera de origen norteño, una vez que llegó a Andalucía, fueron los hablantes de esta región sureña los que lo difundieron por América y asimismo lo fueron haciendo más común dentro de España. Vamos a verlo.

Hay una cita de *Fortunata y Jacinta* que nos sirve de testimonio —como me gusta a mí decir— cuasimetalingüístico, o sea, no es la palabra de un gramático hablando de lingüística, pero sí que hay algo de metalingüístico en ella:

> La perspicacia de la madre creyó descubrir un notable cambio en las costumbres y en las compañías del joven fuera de casa, y lo descubrió con datos observados en ciertas inflexiones muy particulares de su voz y lenguaje. **Daba a la elle el tono arrastrado que la gente baja da a la *y* consonante**; y se le habían pegado modismos pintorescos y expresiones groseras que a la mamá no le hacían maldita gracia. Habría dado cualquier cosa por poder seguirle de noche y ver **con qué casta de gente se juntaba**. Que esta **no era fina**, a la legua se conocía.

Esto nos habla de que en el Madrid de la segunda mitad del siglo XIX el yeísmo ya estaba relativamente extendido, aunque aún se consideraba como un rasgo vulgar. Tenemos que tener en cuenta que los hablantes que iban llevando el yeísmo a Madrid eran esencialmente los emigrantes andaluces, y que quien emigraba solía hacerlo por necesidad, por lo que se trataba de gente de las clases obreras, que para el caso en aquella sociedad es lo mismo que decir pobres, bajas o que «no era fina».

Pese a esto, la expansión del yeísmo en Madrid debió de ser vertiginosamente veloz a partir de esta época, pues parece que **el mismísimo rey Alfonso XIII (nacido en 1886) ya fue yeísta**. Que la propia realeza tuviera un rasgo que hasta hacía poco se había considerado vulgar habla no solo de su expansión en números brutos, sino también de su aceptación sociolingüística.

Y, aun así, Tomás Navarro Tomás, en su *Manual de pronunciación española* (publicado en 1918), tildaba el decir «*caye*, *cabayo*, en lugar de *calle*, *caballo*» de vulgar, y prescribía que la pronunciación «correcta» —término que no nos gusta— exigía distinguir la pronunciación de *ll* y *y*.

Como ya hemos visto anteriormente, una vez que Madrid fue eminentemente yeísta, este rasgo se extendió y afianzó por la mayor parte de España. Estamos ya en una época de radio y hasta televisión, que ayudaron a difundir y consolidar el fenómeno.

Se calcula que actualmente el 90 % de los hispanohablantes son yeístas, lo cual obviamente implica que hay un 10 % que no lo son, o sea, que distinguen la pronunciación de *ll* y *y*. Esto ocurre tanto en España como en Hispanoamérica (conservan de forma bastante mayoritaria la distinción Bolivia y Paraguay), y podemos hacer una clasificación en tres grupos.

En primer lugar, tenemos las áreas bilingües. Si un hispanohablante habla de forma nativa alguna otra lengua que sí tiene /ʎ/ (*ll*), es frecuente que lo use también en español. Por ejemplo, **las zonas catalanoparlantes tienden a conservar la distinción**, aunque va desapareciendo especialmente en las zonas urbanas. En este primer grupo de hablantes bilingües puede darse el caso curioso de que una persona puede llegar a perder la distinción a lo largo de su vida pero seguir convencida de no ser yeísta.

El segundo grupo es el de las generaciones mayores, grupo que naturalmente está destinado a desaparecer. Por último, están las áreas conservadoras, que son aquellas que mantienen la distinción incluso cuando no puede explicarse por influencia de otra lengua.

Realmente, hay solapamiento entre el segundo y el tercer grupo (y, hasta cierto punto, también el primero), pues de hecho se da la situación de que también los hablantes jóvenes, más maleables ante el habla más extendida de los medios y de la población general, tienden a ser yeístas, incluso si sus mayores distinguen y hasta si hablan otra lengua que distingue.

Por todo esto suele decirse —previa advertencia de que ningún lingüista tiene una bola de cristal— que prácticamente **todo apunta a que el yeísmo está destinado a barrer por completo la distinción** más pronto que tarde. Incluso hay hablantes que —¡cómo cambian las tornas, oh, caprichos lingüísticos!— consideran la pronunciación de /ʎ/ como un rasgo de viejos catetos y pueblerinos.

Nos queda hablar de lleísmo, zheísmo y sheísmo. El primero lo liquidamos rápido. Pese a lo que de entrada pueda imaginarse, el lleísmo no es distinguir *ll* y *y*, sino literalmente lo opuesto del yeísmo; o sea, si el yeísmo es fundir /ʎ/ y /y/ en solo /y/, el lleísmo es fundir en solo /ʎ/, lo cual es prácticamente inexistente, pero sí que ocurre en algunas zonas.

Por su parte, el zheísmo y el sheísmo están íntimamente relacionados, y sí, tienen que ver con la pronunciación que todos atribuimos a los argentinos. Ya dijimos que los argentinos son tan yeístas como la mayoría de los hispanohablantes, en cuanto que funden /ʎ/ y /y/ en solo /y/. Ahora bien, dentro del fenómeno del yeísmo, tenemos la **modalidad zheísta** (léase *zh* como {*sh*} en el reajuste de las sibilantes), que implica pronunciar *y* y *ll* como *beige* en francés o inglés o *general* en catalán, y **su variante sheísta**, o sea, el famoso *posho*, con {sh}.

Parece que la pronunciación original era la zheísta; al fin y al cabo, {*sh*} es una especie de {y}. Posteriormente, {*sh*} perdió el rasgo de sonoridad (la vibración de las cuerdas vocales) que representamos aquí poniéndolo en cursiva, por lo que se convirtió en {sh}.

Este cambio tiene su propia historia, que aquí tendremos que resumir muchísimo. Para empezar, nos centraremos en Buenos Aires (pronunciación que —una vez más— por ser la de la capital es la más extendida, pero no necesariamente la usual en todo el país). Ya sabemos que suelen ser las generaciones jóvenes las que introducen los cambios respecto a las mayores; a su vez, las mujeres son más propensas que los hombres.

Y este parece ser el caso del cambio de {*sh*} a {sh}: en la segunda mitad del siglo XX se veía de forma bastante clara que era un rasgo mayoritariamente femenino, que con el paso de los años fue haciéndose también masculino. En cambio, hoy en día hombres y mujeres pronuncian {sh} por igual, lo que nos da a entender que este cambio puede darse por consumado en las generaciones no mayores; en cuanto mueran los últimos hablantes de las generaciones mayores conservadoras de {*sh*}, podemos suponer que el cambio quedará definitivamente consumado.

### *La lengua nunca deja de evolucionar...*

Creo que a estas alturas está meridianamente claro que el cambio lingüístico no cesa ni un segundo, incluso si durante nuestra vida apenas podemos percibir los cambios fonéticos y morfosintácticos. Sí que son mucho más perceptibles los léxicos, pues —parafraseando al héroe Glauco en la *Ilíada*— cual la generación de las hojas, así es la de las palabras: esparce el viento las hojas por el suelo, y la selva, reverdeciendo, produce otras al llegar la primavera; de igual suerte, unas palabras van apareciendo y otras perecen.

Esta es la razón por la que en este libro decidí desde el principio no prestar demasiada atención a los cambios léxicos y centrarme, en su lugar, en los más puramente gramaticales. El vocabulario es sumamente volátil y caprichoso, mientras que **la gramática es una gran y compleja maquinaria cuya evolución avanza sin prisa pero sin pausa**. Y eso es lo que tiene mayor interés: ver cómo esos cambios imperceptibles en una misma generación o incluso un mismo siglo realmente están ocurriendo; si no los percibimos es porque estamos demasiado metidos y no podemos ver el gran esquema de las cosas, pues simple y llanamente no tenemos suficiente perspectiva.

O sea, que vamos a ver unos pocos cambios lingüísticos que están activos ahora mismo, mientras lees este libro. Para ello, téngase en cuenta lo que hemos venido diciendo: que un cambio lingüístico no implica un paso limpio de X y Z, sino que a menudo pasamos por un estadio intermedio Y; lo que es más, frecuentemente conviven X, Y y Z, y lo más normal es que la variante original X vaya siendo fagocitada por las otras hasta desaparecer, y entonces conviven Y y Z hasta que —normalmente— acaba por imponerse Z. Y no es improbable que Z a su vez pase a competir con sus propias variantes que salen a partir de ella misma.

Un par de fenómenos que vienen desde antiquísimo y que no han parado de actuar son **la tendencia antihiática y la caída de -d- intervocálica**; de hecho, es frecuente que esta última acabe produciendo aquella. Ya vimos que los procesos de lenición hacían que -TT- pasara a *t* (GUTTA > *gota*), -T- pasara a *d* (VITA > *vida*) y -D- tendiera a desaparecer (CREDERE > *creer*).

En la Edad Media vamos a encontrar formas que actualmente han repuesto —de forma similar a los grupos consonánticos— la *d*, pero que antes aparecían frecuentemente sin ella, como *crúo* por *crudo* (de CRUDU) o *aorar* por *adorar* (de ADORARE). Esta tendencia que actuó en la formación del castellano —y seguía haciéndolo en el medieval— continúa plenamente vigente en el español actual. Por supuesto, hablamos de ***cantao* por *cantado*** y análogos. Y recordemos que no es sino el responsable de que **del medieval *sodes* tengamos hoy *sois* y *sos*.**

Este fenómeno se encuentra con mayor o menor

frecuencia en prácticamente todos los territorios hispanohablantes. Por ejemplo, en España, la distribución es bastante clara: cuanto más al sur, más pérdida de *-d-* intervocálica; pero incluso en Madrid o Toledo podemos encontrar que se pierde en un 20 % de los casos. Por el contrario, de los territorios con estadísticas, el más conservador es México D. F., con una retención del 95 %.

Hoy en día —al menos en España— la reducción de *-ado* a *-ao* ha perdido gran parte de su estigma, especialmente en participios (no en vano es la secuencia con mayor porcentaje de pérdida), mientras que *-ada*, *-ido* e *-ida* pueden conservarse incluso entre quienes pronuncian sin reparo *-ao*. El caso menos frecuente —pero también posible— es el de *-edo*, como en *dedo*; probablemente influya en la mayor conservación que no haya participios en *-edo*, pues son estas formas verbales las más propensas a la pérdida, con el añadido de las bastante frecuentes *to(do)*, *na(da)* e incluso *ca(da)*.

Como decíamos, **la pérdida de *-d-* suele activar la tendencia antihiática**, pues lógicamente, al desaparecer la consonante intervocálica, queda un hiato. Es justo lo que ocurrió por ejemplo en *amades*, que evolucionó a *amáis* {a.máis} desde un primer estadio {a.má.es} o a *amás*, que es otro tipo de tendencia antihiática: no formar diptongo, sino directamente una vocal simple. De forma similar, la mayoría de los hablantes que eliminan la *-d-* de *cantado* se quedan en *cantao* {kan.tá.o}, pero algunos van un paso más allá hasta {kan.táu}.

Otro cambio que está actuando sumamente despacio —tanto, que no sé si en nuestra vida podremos tener más datos para estudiarlo mejor— es el **aflojamiento de ch**. Recordemos que *ch* ha existido sin cambios desde los primeros tiempos del castellano, y hasta sobrevivió sin un rasguño el reajuste de las sibilantes. Aun así, no es raro que este sonido se afloje, como vimos en el francés *chaine* ({chein} en inglés siguiendo la pronunciación francesa antigua, {shen} en francés actual) o como ocurre por ejemplo en el italiano de Roma, en que por ejemplo *cucina* se pronuncia {ku.shí.na} en lugar de {ku.chí.na} como en el estándar.

Claro, el español no iba a ser menos. De hecho, ya hemos mencionado que esto es algo muy característico del habla de Cádiz, como en {pí.sha} por *picha*. Pero no solo. Los peninsulares solemos percibir algo así como *muyayo* cuando los canarios dicen *muchacho*; pero un canario te dirá que por supuesto que no es *muyayo*, pues no es el mismo sonido que por ejemplo en *rayo*, sino realmente una variante de *sh*, o sea, una *ch* aflojada. Y no es algo exclusivo de España: por ejemplo, en Panamá un tercio de los hablantes aflojan la *ch*, y en Veracruz, casi el 20 %.

Según algunos lingüistas, **este aflojamiento es una consecuencia secundaria del yeísmo**, una especie de daño colateral, y debe de ser relativamente reciente. De ser así, tendría sentido que el aflojamiento siguiera extendiéndose, potencialmente en la misma proporción que el yeísmo, aunque lo más probable es que eso no lo veamos ni tú ni yo.

El último cambio que mencionaremos es el del **debilitamiento de la *-s* final de palabra** (o incluso de sílaba), bien conocido entre todos los hispanohablantes, incluso entre quienes no lo practican. Al contrario que por ejemplo el yeísmo (los hablantes yeístas no suelen ser conscientes de que lo son ni de que existe otra cosa, pero los distinguidores sí notan el yeísmo de los yeístas), el debilitamiento de *-s* final es un fenómeno del que todos son conscientes.

Nótese que hablo de *debilitamiento*, no de *caída* ni *desaparición*. Esto es porque debilitamiento incluye el simple **debilitamiento en una aspiración {h} (lo más frecuente) así como la completa desaparición** (menos frecuente, aunque con potenciales consecuencias interesantísimas que veremos en el siguiente capítulo).

Por dar algunos datos, son sumamente conservadoras de *-s* final zonas como Barcelona, Quito, Bogotá y México D. F. (más del 95 %). Un caso curioso es el de Rosario (Argentina), que tiene repartida casi a tercios la conservación de *-s*, la pronunciación con aspiración y la eliminación total. Incluso en sitios en que por ejemplo los andaluces tienen conciencia de que «se habla fino» puede llegar a haber mucho debilitamiento, como por ejemplo casi la mitad en Toledo y más del 30 % en Alcalá de Henares.

Tomando el mundo hispanohablante como un bloque, parece que el debilitamiento de *-s* avanza también poco a poco. Está por ver si seguirá avanzando de forma significativamente visible durante nuestra vida...

### *Borriquito como tú*

Uno de los mantras y axiomas del español es que es una lengua con cinco fonemas vocálicos: /a/, /e/, /i/, /o/, /u/.

Una distribución como esta es la más frecuente en las lenguas del mundo, por lo que ahí el español no tiene nada de especial. No sé cuál será la causa y cuál la consecuencia, pero sin duda hay correlación y causalidad entre el hecho de que el sistema pentavocálico sea el más frecuente y que sea el mejor distribuido fonéticamente.

Por así decirlo, que sea un sistema bien distribuido es similar a que una casa esté bien construida: es raro que se le muevan las paredes. Se sigue de este símil que un sistema vocálico bien distribuido es mucho más estable que un sistema vocálico no tan bien distribuido, por ejemplo porque tiene muchas vocales, como es el caso del inglés. De hecho, la mayoría de las diferencias entre variedades del inglés radica en las vocales, mientras que entre las variedades del español está en las consonantes (seseo o no, yeísmo o no, aspiración o no...).

Todo esto, para llegar a la conclusión con la que ya abríamos el capítulo: **el español tiene cinco vocales, y son siempre las mismas entre todas sus variedades**, sin variantes dignas de mención. Pero... *¿y si...?* Es cierto que el español general se limita a *a*, *e*, *i*, *o*, *u*, pero hay al menos un par de casos excepcionales de interés.

El caso más característico es el de **las vocales abiertas del sureste peninsular, esencialmente Granada, Jaén, Almería y Murcia**. Se trata de zonas en que la *-s* final se pierde por completo. Si tenemos en cuenta que esta *-s* es sumamente relevante en español, ya que marca el plural de los sustantivos (*niña*, *niñas*; *niño*, *niños*) y diferencias de persona en los verbos (*[él] viene*, *[tú] vienes*)... ¿cómo marcan estas diferencias estos hablantes?

Por supuesto, quienes no tenemos hecho el oído —¡ni siquiera los andaluces occidentales!— solo podemos fiarnos, por ejemplo, del artículo (*el niño, lo[s] niño[s]*) o de otras marcas de la oración (*la niña viene, la[s] niña[s] vienen*). Sin embargo, hay estudios que parecen demostrar que estos hablantes pronuncian y perciben una diferencia, y por tanto pueden distinguir *niño* singular de *niño[s]* plural incluso sin más contexto.

Se trataría de una especie de compensación por la pérdida de la *-s* final: se pierde la consonante, sí, pero a cambio la vocal que queda ahora al final de la palabra se abre para marcar la ausencia de la *-s*. Por tanto, si lo transcribimos, habría una diferencia entre {ní.ño} singular y {ní.ñɔ} plural, y lo mismo con {ní.ña} y {ní.ñæ} y con {lí.bre} y {lí.brɛ}.

En este punto no todos los lingüistas están de acuerdo, pero, tal y como lo hemos expuesto, tenemos la situación de que **estas variedades del español tienen ¡*ocho* fonemas vocálicos en lugar de cinco!** Recordemos que un sonido es un fonema si es capaz de generar un par mínimo. Y, en efecto, {ní.ño} y {ní.ñɔ} son dos palabras distintas que solo se diferencian en un sonido, por lo que esos dos sonidos que marcan la diferencia en sendas palabras son fonemas, y podemos ponerle el nombre de *desdoblamiento fonológico*, porque lo que originariamente era una sola vocal se desdobla y ahora la pareja distingue pares mínimos.

El otro caso es el de **las llamadas vocales caedizas, fenómeno que se da sobre todo en México**. Al contrario que en el caso del desdoblamiento del sureste peninsular, esto suele ocurrir precisamente cuando sigue una *s*, que no se pierde. Por ejemplo, en *pesos*, *pesas* y *peces* —recordemos que en México se sesea— podemos tener la misma pronunciación, porque la *o*, la *a* y la *e* se caen.

Podemos decir que hay dos variantes del fenómeno: o la vocal se cae del todo (o sea, desaparece por completo), o solo se debilita hasta convertirse en lo que en lingüística se conoce como *schwa*, una vocal sin un timbre determinado, la vocal neutra del catalán.

La desaparición completa tiende a ocurrir en la secuencia de consonante (que no sea /s/) + vocal + /s/, como en *pastas* y *pastos*, que tienden a pronunciarse como si fueran *pasts*. Por el contrario, la reducción a schwa ocurre con /s/ + vocal + /s/, como en el ejemplo anterior: *pesos*, *pesas* y *peces* se pronuncian todas como {pé.səs}; básicamente, la mínima vocal que se despacha para poder pasar de una /s/ a la siguiente.

Dicho sea de paso, aclaremos que, aunque la schwa es un fonema en lenguas como el inglés o el catalán, yo al menos no consideraría que schwa sea un fonema por derecho propio: ¡si justo está neutralizando lo que en pronunciación estándar serían pares mínimos!

Sea como fuere, con este último capítulo hemos visto que uno de los grandes mantras del español (que tiene solo cinco fonemas vocálicos) tiene su poquito de margen de maniobra, y es que al final en lingüística —como en todo en la vida— las cosas no son simplemente o blancas o negras.

# ¿EL FIN DEL VIAJE?

Ya termina nuestro viaje lingüístico de más de seis mil años desde la estepa póntica hasta España, Hispanoamérica y todo el mundo. ¡Pero solo si tú quieres! Aquí te dejo un par de propuestas antes de que cierres el libro y lo pongas en la estantería.

Reléelo. Es normal si en tu primera lectura no has podido entender absolutamente todo: aunque me he esforzado por ir introduciendo conceptos de forma gradual, siempre hay detalles iniciales que requieren de conocimientos posteriores. Ahora, con el puzle completo, verás que una relectura resulta sumamente fructífera para terminar de comprender lo que en la primera lectura se te haya podido atragantar.

Aprende más sobre la evolución del español, del latín y de las lenguas en general. Obviamente, ¡todo no cabía en este libro! Pero durante años he publicado contenidos de lingüística histórica que sirven para complementar, profundizar y expandir lo que has estado aprendiendo con esta lectura. Te dejo un índice organizadito en www.delcastellano.com

Un saludo, y seguimos viéndonos por esas redes sociales de nuestros pecados, donde sigo publicando más cosas de estas que tanto nos gustan.

Paco Álvarez